Cómo tener éxito en filosofía

Salto de fondo

Stefano Micali

Cómo tener éxito en filosofía

en filosofía

Estilos y estrategias para convertirse
en un pensador influyente

Herder

Diseño de la cubierta: Herder

© *2026, Stefano Micali*
© *2026, Herder Editorial, S.L., Barcelona*

ISBN: 978-84-254-5414-1

Imprenta: Liberdúplex
Depósito legal: B-7 396-2026

Impreso en España - Printed in Spain

Herder
www.herdereditorial.com

ÍNDICE

III. POR UNA NUEVA HERMENÉUTICA: UN EJEMPLO PARADIGMÁTICO DE UN USO LIBRE Y SOBERANO DE LAS FUENTES

IV. EJERCICIOS (DE ESTILO)

PRÓLOGO

Querido lector, te agradezco desde ya la atención que estás prestando a estas líneas que, con toda honestidad, habría preferido no escribir. Por mucho que me guste leer los prólogos de los libros ajenos (y, de hecho, me gustaría publicar un libro que recopilara todos los prólogos más bellos que he leído jamás, desde *De la ansiedad al método en las ciencias del comportamiento* de George Devereux, pasando por el de *Los hermanos Karamázov* de Dostoievski), no me gusta escribirlos en general, y mucho menos me apetece redactar el prólogo de este libro tan poco ortodoxo, centrado enteramente en el lenguaje indirecto. (Amigo lector, incluso con esta sola frase puedes comprender bien mi reticencia a escribir este prólogo: ¿puedes imaginar una tarea más penosa que la de explicitar directamente el carácter indirecto del lenguaje?).

De todos modos, he superado mi renuencia para hacer dos precisiones.

1. El texto pretende poner de relieve tanto actitudes como estrategias discursivas y argumentativas dominantes que favorecen el éxito en el contexto de la filosofía contemporánea. A muchos lectores podría irritarles la yuxtaposición entre autores de primera magnitud y otros hoy particularmente

populares, pero de valor filosófico evidentemente inferior. Quisiera hacer una declaración nítida al respecto. Este texto se desarrolla a partir de ejemplos concretos y, en este sentido, adopta un enfoque de neutralidad valorativa estricta. Me interesa únicamente destacar, de forma ideal-típica, aquellos rasgos que favorecen el éxito —o, por usar una expresión de raro y deprimente origen mercadotécnico— aquellos rasgos que hoy en día tienen más *appeal*. A veces me ha parecido que la estrategia argumentativa de un autor de primera categoría ejemplificaba del mejor modo una determinada forma de argumentación. Otras veces, un autor menos refinado, en su tosquedad, me ha parecido ilustrar el caso de manera aún más eficaz. Dicho de otro modo: dentro de una determinada actitud filosófica —como la del profeta de la distopía pasada, de la que tendremos ocasión de ocuparnos largamente— es posible producir obras de notable valor filosófico en las que se analizan rigurosamente los dispositivos sociales, o hacerlo de forma mediocre.

2. Las obras de las ciencias humanas, incluida la filosofía, no son inmunes al contacto con otras artes. Recuerdo la impresión que me produjo descubrir una confesión de Carlo Ginzburg: cómo la lectura de los escritos de Eisenstein sobre el montaje cinematográfico había influido en su modo de construir los textos. En el presente caso, es probable que la visión de muchas películas de detectives haya influido de modo escondido (por aludir indirectamente al filme de Michael Haneke) en el presente texto.

I. TRES VÍAS PRIVILEGIADAS
HACIA EL ÉXITO

I. EL PROFETA DE LA DISTOPÍA PASADA

La espera del Mesías sigue viva hoy en día. Es necesario llenar un vacío de orientación y, preferentemente, de manera fácil. Por tanto, no sorprende que la radicalidad sea una de las mercancías más demandadas en el mercado aparentemente libre de las ideas. Como si la hipérbole nunca fuera lo suficientemente hiperbólica, las tesis deben llevarse a sus consecuencias extremas. Si todo es discurso, hay que colonizar todas aquellas dimensiones que aparentemente resisten esta totalización discursiva y, por lo tanto, someterlas de manera tan sutil como sofisticada: por ejemplo, es necesario destacar cómo la corporeidad misma se forma (o, más bien, ya se ha formado) en los discursos. Si todo es poder, hay que evidenciar cómo el cuerpo está sujeto a diversas formas de normalización históricamente determinadas. Si todo está penetrado por la ideología contemporánea, conviene desenmascarar cada objeto que nos rodea y cada pensamiento que se nos viene a la mente como producto de la industria cultural.

Dentro de esta obra de pensamiento radical, una de las tareas esenciales consiste en encontrar el origen del mal, es decir, del malestar social: tratar el malestar social identificando de manera irrefutable la causa principal y, al mismo tiempo, resaltar el carácter irreparable e inevitable de las transformaciones sociales. En otras palabras, conviene describir la realidad actual como una realización de la distopía; una distopía que, sin embargo, no ha sido reconocida como tal. Solo el filósofo, que aquí asume un tono solemnemente inspirado entre el oráculo y el profeta, es capaz de ver cómo la catástrofe no está delante de nosotros, sino que ya está detrás de nosotros. Ya ha sucedido y nadie lo advierte; o mejor dicho, nadie lo ha advertido, salvo el pensador elegido. El planeta mismo, por ejemplo, se ha transformado en un laboratorio al aire libre en el que estamos sometidos a experimentos colectivos y todo esto sucede sin que lo sepamos.[1]

Si se percibe un aire de familia entre autores tan diferentes como Heidegger, Foucault y Adorno es precisamente por este gesto de iluminación repentina de la distopía en la que vivimos sin darnos cuenta. Autores que hoy tienen un gran éxito editorial, como Giorgio Agamben y Byung-Chul Han, repiten este gesto revelador, exacerbándolo aún más. El inicio de *No-cosas* es paradigmático en este sentido:

> A diferencia de la distopía de Yoko Ogawa, no vivimos en un régimen totalitario con una policía del pensamiento que despoja brutalmente a la gente de sus cosas y sus recuerdos. Es más bien nuestro frenesí de comunicación e información lo que hace que las cosas desaparezcan. La información, es decir, las no-

---

1 B. Latour, *Où suis-je?: Leçons du confinement à l'usage des terrestres*, París, La Découverte, 2021. (Cuando no se remite a la edición española, sino a la versión original de una obra, la traducción corre a cargo del autor).

cosas, se coloca delante de las cosas y las hace palide-
cer. No vivimos en un reino de violencia, sino en un
reino de información que se hace pasar por libertad.[2]

No pocas veces este tipo de filosofía asume tonos que
podríamos llamar (pos)catastrofistas-crepusculares. Algo
entre Heidegger y Gozzano.[3] Por un lado, se subraya
el aura de las pequeñas cosas (pasadas) y, por otro, se
intenta esbozar la deriva del Ser en general en la que
estamos irremediablemente arrojados.

Uno podría incluso verse tentado a proponer la siguiente equivalencia: cuanto más catastrófica es la distopía en la que ya estamos instalados, tanto más imperceptible y enigmáticamente secreta permanece, y
tanto más garantizado está el éxito del autor (siempre
y cuando, por supuesto, sea capaz de darle forma de
manera sofisticada y atractiva). No me pronunciaré aquí
sobre la validez general de dicha equivalencia. Ciertamente, si esta equivalencia fuera verdadera, no debe-
rían sorprender las razones del éxito de *Homo sacer* de
Giorgio Agamben. Por ejemplo, pensamos en cómo
nadie (excepto el mismo Agamben) había identificado
el campo de concentración como el *nomos* del espacio
político moderno, rastreando así «la curiosa relación de
contigüidad entre democracia y totalitarismo».[4] Tanto
el *Volk* nazi como el proyecto capitalista-democrático

2 B.C. Han, *Undinge: Umbrüche der Lebenswelt,* Berlín, Ullstein,
2021, p. 1 [trad. cast.: *No-cosas,* Barcelona, Taurus, 2021].

3 G. Gozzano, *Tutte le poesie*, Milán, Mondadori, 1980.

4 G. Agamben, *Homo sacer. El poder soberano y la nuda vida*, Valencia, Pre-textos, 1998, p. 153.

están atravesados por la misma fractura: eliminan una parte (la vida desnuda) por el todo (el pueblo), que a su vez se transformará «en vida sacra consagrada a la muerte».[5] El campo de concentración, como lugar de excepción, se refiere a la compleja relación entre la vida desnuda y el Estado-nación:

> Campo de concentración no como un hecho histórico ni como una anomalía perteneciente al pasado (aunque eventualmente aún pueda encontrarse), sino, de algún modo, como la matriz oculta, el *nomos* del espacio político en que todavía vivimos.[6]

Al mismo tiempo, conviene notar cómo este tipo de filosofía no solo nos hace conscientes de que vivimos

---

5   *Ibid.*, p. 169. «Parafraseando el postulado freudiano sobre la relación entre *Es* e *Ich,* se podría decir que la biopolítica moderna está regida por el principio según el cual "allí donde hay nuda vida, debe advenir un Pueblo"; a condición, empero, de añadir inmediatamente que este principio vale también en la fórmula inversa, que establece que "allí donde hay un Pueblo, debe advenir la nuda vida". La fractura que se creía haber colmado eliminando al pueblo (a los judíos que son su símbolo) se reproduce así nuevamente, transformando a todo el pueblo alemán en vida sacra consagrada a la muerte y en cuerpo biológico que debe ser infinitamente purificado (eliminando a los enfermos mentales y a los portadores de enfermedades hereditarias). Y de manera diversa, pero análoga, hoy el proyecto democrático–capitalista de poner fin, por medio del desarrollo, a la existencia de clases pobres, no solo reproduce en su propio seno el pueblo de los excluidos, sino que transforma en nuda vida a todas las poblaciones del Tercer Mundo. Solo una política que sea capaz de superar la escisión biopolítica fundamental de Occidente podrá detener esa oscilación y poner fin a la guerra civil que divide a los pueblos y a las ciudades de la tierra» (*Ibid.*, pp. 228-229).

6   *Ibid.*, p. 212.

en un mundo distópico sin darnos cuenta, sino que siempre está dispuesta a detectar en el presente los signos premonitorios de los tiempos futuros: una apertura a lo escatológico le es consustancial. Incluso las mínimas variaciones del orden social y político vigente son rápidamente interpretadas como confirmación del paradigma de referencia y, al mismo tiempo, como síntomas de su agravamiento adicional:

> El campo como localización dislocante es la matriz oculta de la política en que todavía vivimos, la matriz que tenemos que aprender a reconocer a través de todas sus metamorfosis, tanto en las *zones d'attente* de nuestros aeropuertos como en ciertas periferias de nuestras ciudades.[7]

La proliferación de nuevas formas de campo está ocurriendo ahora ante nuestros ojos, pero carecemos de las herramientas interpretativas que exige la biopolítica contemporánea para poder identificarlas y reconocerlas como tales («El campo de concentración y no la ciudad es hoy el paradigma biopolítico de Occidente»).[8] El oráculo de la distopía pasada tiene, por tanto, una clara predilección por ver en el presente los signos del final de los tiempos. Él descubre el final pasado que ha permanecido oculto hasta ahora y ya ve también el futuro. El final puede ser la muerte del hombre, la muerte del sujeto, el fin de la

---

7   *Ibid.*, pp. 223-224.
8   *Ibid.*, p. 230.

libertad, el fin de un mundo humano compartido, el fin de un estar-juntos. El presente se convierte en un episodio entre dos finales. La famosa tesis de Foucault sobre la muerte del hombre también puede leerse dentro de esta óptica: las transformaciones radicales permanecen ignoradas. Solo el filósofo capta la sutil consistencia ontológica de los eventos en los que estamos inmersos. Y lo capta con una certeza estatuaria, marmórea.

> En todo caso, una cosa es cierta: que el hombre no es el problema más antiguo ni el más constante que se haya planteado el saber humano. Al tomar una cronología relativamente breve y un corte geográfico restringido —la cultura europea a partir del siglo XVI— puede estarse seguro de que el hombre es una invención reciente. […] Si esas disposiciones [que son típicas del saber moderno] desaparecieran tal como aparecieron, si, por cualquier acontecimiento cuya posibilidad podemos cuando mucho presentir, pero cuya forma y promesa no conocemos por ahora, oscilaran, como lo hizo, a fines del siglo XVIII el suelo del pensamiento clásico, entonces podría apostarse a que el hombre se borraría, como en los límites del mar un rostro de arena.[9]

El inicio de *Psicopolítica,* de Byung-Chul Han, muestra mejor la reiteración actual de esta sofisticada estrategia

9 M. Foucault, *Las palabras y las cosas,* Ciudad de México, Siglo XXI, 2010, p. 375.

del presente puesto como efímero interregno en relación con la libertad:

> La libertad habrá sido un episodio. «Episodio» significa «entreacto». La sensación de libertad se ubica en el tránsito de una forma de vida a otra, hasta que finalmente se muestra como una forma de coacción. Así, a la liberación sigue una nueva sumisión. Este es el destino del sujeto, que literalmente significa «estar sometido».[10]

El tono profético de este inicio se percibe de inmediato. ¿A qué se debe esta sensación? El tono profético depende de la combinación de la máxima contingencia con una necesidad igualmente ineludible. Esta estrategia compleja puede desarticularse en (por lo menos) tres momentos: 1) reaviva e intensifica (en el lector) el sentido de precariedad general: la vida (social) está sometida a metamorfosis radicales; 2) anuncia que ahora estamos viviendo un momento decisivo, un paso epocal, incitando así el «natural» narcisismo propio de cada generación; 3) especifica con tono perentorio el destino que nos espera como si el pensador pudiera contemplar la situación desde el futuro, desde una perspectiva *post-festum*.

Este enfoque aviva una profunda nostalgia por un tiempo pleno que jamás ha existido y que, precisamente por eso, se anhela de manera tan incondicional. Además, es importante considerar también el concepto

---

10   B.C. Han, *Psicopolítica,* Barcelona, Herder, 2021, p. 11 (traducción ligeramente modificada).

de interregno. Con el debido respeto a Blumenberg, las versiones (secularizadas) del interregno mencionadas anteriormente reciben su aura de la idea cristiana de un tiempo intermedio entre la nada de la creación y el Juicio Final, entre la encarnación y la parusía.[11] Para resumir esta primera vía de manera sucinta: los profetas de la distopía pasada tienden a crear un público de iniciados que comparten un saber esotérico siempre dispuesto a embriagarse de fáciles sensaciones escatológicas.

11   En otras palabras, la intuición fundamental de Löwith sobre la secularización conserva un potencial heurístico que no conviene subestimar. Esto no impide, sin embargo, que ciertas observaciones críticas formuladas por Blumenberg deban ser tomadas con la debida seriedad. Sobre el debate entre Löwith y Blumenberg, remito a la reciente obra de Sjoen Griffioen, *Contesting Modernity in the German Secularization Debate: Karl Löwith, Hans Blumenberg and Carl Schmitt in Polemical Contexts,* Leiden, Brill, 2022.

2. LA *PERFORMANCE* DROMO–ESPECTACULAR

La filosofía, hoy en día, tiene lugar en una sociedad del espectáculo mediático. La *performance* debe tener características específicas compatibles con el sentir común. La lección-evento no puede ser más que chispeante e imprevisible: el sentido de improvisación jazzística resulta sumamente apreciado. Tanto la mezcla entre alta cultura y cultura popular —citar a Mike Tyson y a Adorno en la misma frase (como habría hecho el mismo Adorno)— como la referencia sistemática a productos de medios diferentes (textos, películas, cómics) son elementos constitutivos de esta actitud filosófica. Otro rasgo esencial es la velocidad: se debe proceder de manera tan rápida que sorprenda a los espectadores, creando una sensación de vértigo. El sentido de vértigo se ve favorecido por la maestría en el manejo de conceptos complejos elaborados por autores clásicos, preferiblemente si tienen una cierta aura, como por ejemplo Lacan o Schelling. Estos conceptos son obviamente oscuros para el gran público y por eso resultan aún más sugerentes. El filósofo maneja estos conceptos con la misma maestría con la que un vaquero maneja su pistola en una película de Sergio Leone (y la comparación no es inapropiada porque esta forma de filosofía es desesperadamente polémica). En esta práctica filosófica mucho depende del efecto sorpresa: la introducción de conceptos «resolutivos» con gran poder explicativo está preparada con esmero para luego «acontecer» *(sich ereignen)* de manera «inesperada» (como un efecto especial en una película comercial estadounidense). La sorpresa, sin duda, se ve favorecida por la práctica del contraste: referirse al concepto de *Unvordenklichkeit* de Schelling para comprender plenamente la trama de una telenovela sudamericana. El uso de paradojas debe ser constante y su «resultado» debe ir invariablemente en contra del sentido común. Si tuviera que darle un nombre a esta actitud filosófica, la definiría como «dromo-espectacular». La velocidad no solo se refiere a los tiempos de exposición en los que se mencionan autores y teorías diferentes en un ritmo cada vez más acelerado, casi quitándole el aliento al lector/oyente, sino también a los tiempos de reacción ante la actualidad. Es necesario saber tomar una posición sobre lo que sucede en directo, encontrando siempre el tono adecuado (indignado, irónico o corrosivo) para un *tweet* que haga ruido. El elemento natural de este tipo de filosofía es el entretenimiento. De por sí, el entretenimiento no debe ser el objetivo final (aunque esto ocurre la mayoría de las veces), pero ciertamente no puede faltar. Al leer este tipo de obras, se debe tener la sensación de planear («surfear» se podría decir) sobre las letras del texto sin ningún esfuerzo conceptual, deslumbrado por las diversas referencias y divertido por los cambios de marcha, los juegos de palabras y las paradojas cada vez más frenéticas.

Quien se dedica al oficio sabe bien que, en el contexto académico actual —no solo en filosofía, sino en las humanidades en general, y en particular en el ámbito de los estudios culturales—, abundan los ejemplos o ejemplares (como se prefiera) de este «tipo filosófico» tanto en Europa como en Estados Unidos. Sin embargo, existe una sola autoridad indiscutida en el contexto del arte filosófico tardocapitalista de corte dromo-espectacular: esa autoridad es Slavoj Žižek. Su éxito se debe a varios factores:

1. En las últimas décadas ha demostrado una productividad y velocidad —tanto de palabra como de escritura— poco comunes, abordando innumerables temas de actualidad en varios medios (y en diferentes idiomas).
2. Posee además un amplio conocimiento de diversas tradiciones de pensamiento (desde la psicoanalítica hasta el marxismo) y combina sin cesar diferentes géneros de discurso con la mayor naturalidad posible, apuntando siempre a la paradoja y alternando, con rigor sistemático, obscenidades y pensamiento especulativo.
3. Todos sus escritos repiten un mismo gesto fundamental: intentan de mil maneras (algunas de ellas incluso de manera contradictoria) desenmascarar, con sarcasmo e ironía, la trampa ideológica o el supuesto tácito que subyace a las tesis dominantes en la sociedad contemporánea: la tesis dominante, aparentemente inofensiva, oculta una violencia fundamental. La tesis (a veces violenta) propuesta por Žižek a menudo adopta la forma de un chiste bien logrado.

4. Ocupa la escena como un verdadero histrión. Žižek, sobre el escenario, recuerda más a Dario Fo que a un académico al estilo de Pierre Bourdieu.

En sus clases y conferencias se hace particularmente evidente cómo el razonamiento de Žižek es tan vertiginoso que parece estar siempre un paso más allá: apenas crees haber alcanzado su pensamiento, un nuevo giro modifica la trayectoria, tal vez combinando la conciencia infeliz de Hegel con *Matrix* y una referencia psicoanalítica al hecho político del día. Es como si dijera al lector: «Soy inalcanzable, siempre estoy más allá». Y al final, el lector queda con la sensación de estar en medio de una tormenta de arena provocada por un exceso de movimientos (desordenados) en el mismo lugar. Wittgenstein decía que la filosofía es una carrera en la que gana quien corre más despacio: «En la carrera de la filosofía gana quien puede correr más despacio. O bien: quien llega último a la meta».[1] Si esto fuera cierto, muchos de los autores contemporáneos habrían perdido desde la salida.

1   L. Wittgenstein, *Vermischte Bemerkungen,* en *Werkausgabe 8,* Frankfurt, Suhrkamp, 2017, p. 498.

3. CONVERTIRSE EN UNA MARCA (DE UNA INJUSTICIA SOCIAL Y DE UNO MISMO)

El pensador tiene éxito cuando se ha vuelto «natural» asociar su nombre a un problema de gran relevancia social. Nos encontramos aquí ante un fenómeno de difícil decodificación, que está íntimamente relacionado con nuestra sociedad digital centrada en la práctica de la publicidad y la promoción.[1] Por un lado, el pensador es heredero de lo que una vez se llamó el «intelectual», es decir, es una figura pública que, al señalar patologías sociales, busca fomentar un proceso de emancipación con el objetivo de alcanzar la justicia traicionada por las circunstancias actuales. Y, por otro lado, el pensador se convierte él mismo en la marca de ese determinado problema social. Me pregunto si sería inapropiado establecer una correlación de este tipo: la marca «Nike» está asociada al vestuario deportivo como la marca «Butler» está asociada al problema de la diferencia de género. Una característica específica de este tipo de pensamiento es su reducibilidad al eslogan, es decir, su tendencia a conducir a conclusiones sin ambigüedades. Esto no significa que la trayectoria del pensamiento no pueda ser tan densa como para parecer

[1]   S. Zuboff, *The Age of Surveillance Capitalism*, Nueva York, Public Affairs, 2019.

incluso oscura. Sin embargo, incluso en este caso, una hipercomplejidad de la argumentación llevará inevitablemente a resultados hipersimplificados en los que la división entre los buenos y los malos es tan caricaturesca que haría sentir envidia a una película de Walt Disney. El pensador-marca está rodeado de un aura carismática que atrae y que por sí misma genera seguidores. Su fuerza de atracción no se basa únicamente en la validez de la causa defendida o en la profundidad de sus competencias, sino que deriva en primera instancia de su estilo: se tiene la impresión de que la causa social encuentra su expresión más adecuada precisamente en ese fraseo específico. Aquellos que ya están acostumbrados al estilo de escritura de un autor se encariñan con esa manera de pensar. Sería incluso plausible suponer que si el autor de referencia cambiara significativamente sus opiniones, la mayoría de los consumidores lo seguiría en su giro sin casi darse cuenta. Por lo general, el pensador-marca no corre estos riesgos: repite el mismo pensamiento con la fuerza martilleante de un anuncio publicitario. Y es bien sabido que, martilleando sobre la unicidad fantasmal del producto, la publicidad crea adicción. Los límites entre filosofía, activismo político y la práctica publicitaria de constante autopromoción se vuelven indiscernibles. Los pensadores se comportan como pequeñas empresas que buscan maximizar su visibilidad en el mercado de las ideas a través de una constante presencia en los medios, basada en una gestión cuidadosa de las redes sociales, una política de publicaciones dirigida, una planificación científica de conferencias en las universidades más prestigiosas, una página web impecable que resuma sus logros, etc. Ciertamente, el número de citas de una obra en Google Scholar constituye uno de los indicadores del éxito de una obra.[2] Otros criterios útiles para evaluar la popularidad de un pensador son la recepción de su propuesta en los diferentes medios (desde los diarios hasta la televisión y las redes sociales), en el ámbito de la sociedad civil y en la política, considerando en primer lugar las posibles repercusiones de orden legislativo. Para alcanzar estos objetivos, es necesario militar en un tema social determinado, repitiendo de manera continua y obsesiva el propio mantra, haciendo creer a un público cada vez más amplio que sus palabras han tocado el nervio de la cuestión, la injusticia social crucial, injusticia que por primera vez ha encontrado una formulación adecuada y que ahora debe ser erradicada: ahora o nunca. Ahora es el momento de actuar (y de la continua repetición de su propio mantra y de la urgencia de actuar «ahora»). Si la actividad del pensador-marca es tan variada como frenética, el objetivo es tan simple que es difícil de expresar: hacer que la causa social se identifique con su propio pensamiento para convertirse así en una figura de culto (dicho sea de paso: esta última frase ciertamente quedaría mejor en inglés porque podría jugar con la ambigüedad de la palabra *cult)*. Una figura de

---

2   A este respecto, menciono una cifra que considero particularmente reveladora: hasta enero de 2026, la edición de *Gender Trouble* de Judith Butler (edición aniversario, 1999/2002), acumula más de 100 000 citas en Google Scholar. Por su parte, la edición estándar en inglés de la *Crítica de la razón pura* de Kant, traducida por Paul Guyer y Allen W. Wood (Cambridge University Press, 1998), se sitúa en torno a las 30 000.

culto significa aquí también crear su propia secta *(cult)* formada por seguidores que difundirán su palabra contra los miopes adversarios.

Las estrategias del pensador-marca se vuelven más inteligibles si se consideran dinámicas observadas en el ámbito de la investigación de *marketing.* De hecho, existe un indicador que estudia la defensa de la marca, es decir, mide el número de seguidores que están dispuestos a defender una determinada marca: el Net Promoter Score elaborado por Frederick Reichheld.

El Net Promoter Score es el porcentaje de promotores menos el porcentaje de detractores. La argumentación central postula que el efecto dañino del boca a boca negativo reduce las ventajas del boca a boca positivo. Esta métrica ha demostrado ser útil para calcular la lealtad del cliente, pero la simple resta puede no tener en cuenta alguna información importante. Cuando una marca permanece fiel a su ADN y persigue coherentemente su segmento objetivo, termina polarizando el mercado: algunos clientes la aman y otros empiezan a odiarla. Pero en el contexto de la conectividad, el boca a boca negativo no es necesariamente algo malo. De hecho, a veces una marca necesita defensa negativa para suscitar la defensa positiva por parte de otros clientes. Estamos convencidos de que en muchos casos, si no hay defensa negativa, la positiva puede permanecer latente.[3]

3   P. Kotler, H. Kartajaya e I. Setiawan, *Marketing 4.0: Moving from Traditional to Digital,* Hoboken, Wiley, 2017, p. 27.

En el ámbito del mercado del pensamiento, la defensa negativa no tiene ningún inconveniente. Es más, la creación de polarización es una de las vías reales para alcanzar el éxito. El éxito de una tesis es precisamente «medible» por su capacidad de generar un debate polarizado entre los detractores y los seguidores en relación con la posición afirmada. La crítica negativa favorece la reconocibilidad de su posición, que es el factor decisivo en el mercado de las ideas.

El pensador-marca no puede sino tratar temas candentes (como hoy en día, por ejemplo, la ecología y la identidad de género) y, para ganar visibilidad, debe crear la impresión de haber desplazado radicalmente los ejes del discurso, de haber trastocado las categorías metafísicamente más sólidas. Sin embargo, este trastocamiento se mueve en un doble carril. Por un lado, debe ser fuertemente polémico respecto al (presunto) pensamiento dominante: su análisis debe irradiar frescura, es decir, dar la impresión de que está ocurriendo algo inesperado, la llegada de *lo Nuevo:* una nueva forma de pensar capaz de romper con el pasado y con los paradigmas epistemológicos dominantes. Por otro lado, debe coquetear (de manera más o menos evidente) con los miembros de su propia tribu: si, por ejemplo, se habla de ecología en un contexto francés, se debe hacer con el estilo dominante en ese «nicho» (tendrá, por tanto, inevitablemente matices deleuzianos) y flotar con maestría en esa atmósfera impregnada del pensamiento de los autores de referencia (Spinoza, Nietzsche, Bergson, Whitehead, Latour, etc.). Dentro de un ámbito determinado, la búsqueda de visibilidad genera inevitablemente una carrera por la renovación, por lo que en pocos años las posiciones iniciales se perciben con cierta ternura, como se miran las fotos de la infancia de los padres: con una mezcla de amor, vergüenza, respeto y evidente sensación de inadecuación. Presento un ejemplo de esta dinámica en la que se suben continuamente las apuestas, como en una partida de póker. Este ejemplo se refiere a la diferenciación entre el hombre y el animal. Con buenas razones y las mejores intenciones, se comienza a cuestionar el natural antropocentrismo del pensamiento occidental. Las diversas especies animales no pueden diferenciarse del hombre en la forma tradicional. El mismo concepto de animal es necesariamente opaco y de orden negativo. Estas distinciones teóricas, motivadas por razones y prejuicios de orden teológico, filosófico, político y económico, tienen incalculables efectos reales, que, al orientar nuestra biopolítica, guían nuestra economía del ser vivo. Una vez cuestionado un paradigma canónico de nuestra tradición de pensamiento, como, por ejemplo, la diferenciación propuesta por Heidegger en *Los conceptos fundamentales de la metafísica* entre el hombre como «creador de mundo» *(weltbildend)*, el animal como «pobre de mundo» *(weltarm)* y la piedra como «sin mundo» *(weltlos)*, se evidenciará la inadecuación de esta distinción.[4] Se dirá que cuestionar la

4   M. Heidegger, *Los conceptos fundamentales de la metafísica,* Madrid, Alianza, 2010.

diferencia entre animal y hombre, a su vez, no es lo suficientemente radical. El verdadero *Dasein* se encuentra en un término primario que ni siquiera es nombrado por Heidegger: la planta. Una nueva renovación será mostrar la dificultad de operar con la distinción entre orgánico e inorgánico, entre planta y piedra. En este punto, las condiciones están dadas para volver sobre el hombre. Se piensa en el hombre como una mezcla entre ser vivo y no vivo, como un *cyborg*. Todo está listo para adentrarse en una metafísica animista y panpsiquista que combina física cuántica, chamanes amerindios y escenarios poshumanos. Resumiendo lo dicho hasta ahora respecto a esta tercera vía: a través de su actividad promocional, el pensador-marca busca identificar su persona con un problema social real de alcance general como la crisis climática, los derechos de los animales o las injusticias relacionadas con las diferencias de género. Este problema se reformula de manera «radicalmente» nueva. Solo a través de esta reformulación radical somos capaces de abordar el problema ahora. Por tanto, es importante establecer una comunidad, lo que en *marketing* se llama una *brand-community,* que difunda esta perspectiva (especialmente en las redes sociales).

4. OBSERVACIONES MENORES SOBRE LOS TRES CAMINOS HACIA EL ÉXITO

Es evidente que estos tres tipos ideales de pensadores exitosos no son mutuamente excluyentes. En un sentido general, ciertamente es posible ser un profeta de la distopía pasada y, al mismo tiempo, ser un gran intérprete en el sentido dromo-espectacular o un pensador-marca de una injusticia social específica.

Sin embargo, es apropiado distinguir estas diferentes trayectorias porque tienen inclinaciones distintas. El profeta de la distopía pasada tiende hacia el esoterismo: su estilo es enrevesado, si no directamente críptico. Tal estilo fomenta un sentido de elección para aquellos que, iniciados, se hacen conscientes de la distopía. La existencia oracular es perfectamente compatible con la recomendación de Epicuro de «vivir oculto». La misma ausencia de los medios o de la academia puede aumentar su carisma.

En contraste, los filósofos-marca tienden a involucrarse en un torbellino de actividad mediática. Su pensamiento teóricamente puede incluir argumentos complejos, pero es esencial que sea reducible a un mensaje claro, un eslogan atractivo y fácilmente reconocible. Toda la injusticia del mundo se concentra en el lugar que, por afortunada coincidencia, estos pensadores ocupan: solo ellos son capaces de dar voz pública rigurosa a este llamado por la justicia. Por lo tanto, no sorprende que las implicaciones prácticas de su pensamiento deban ser adecuadamente enfatizadas y que el diálogo con los eventos políticos y las noticias diarias sea estrecho. En este diálogo, deben repetir incansablemente su mantra, lo ya dicho, innumerables veces y cada vez como si fuera la primera. La recomendación de Epicuro de «vivir oculto» es tan ajena a esta actitud que constituiría una ocasión para el asombro filosófico.

Aquellos que se dedican a las *performances* dromoespectaculares tienden a operar en múltiples frentes: no persisten con una sola melodía, sino que buscan constantemente improvisar nuevas soluciones utilizando la mayor variedad de instrumentos posibles. Al combinar diversas disciplinas y tradiciones de pensamiento, abordan numerosos temas contemporáneos con la intención de inducir una sensación de vértigo en la audiencia, similar a la experiencia vertiginosa de presenciar un espectáculo extraordinario. Los aspectos esenciales aquí son dos: crear un efecto sorpresa basado en el contraste y la rapidez de ejecución. Una forma eficaz de ganar visibilidad consiste en aplicar, de manera rigurosa y sistemática, argumentos provenientes de una tradición de pensamiento significativa pero tradicionalmente ajena a un área de investigación actualmente relevante, o bien en reutilizar conceptos de autores conservadores (como Carl Schmitt) para promover teorías políticas radicales de izquierda. Su estilo combina terminología hipertécnica de autores canónicos con expresiones coloquiales, alternando entre declaraciones profundas, referencias comunes a la cultura pop y citas de Hegel. No hay una intención primaria de identificarse con una causa social específica. En cambio, la ambición es convertirse en un icono del pensamiento, alcanzando la fama de un actor de Hollywood. Aunque siempre hay un trasfondo que se alinea con la ideología criticada, este trasfondo nunca se declara explícitamente. El objetivo final es ser reconocido universalmente como un fenómeno global de entretenimiento intelectual: convertirse en el Andy Warhol del pensamiento en nuestra sociedad del espectáculo.

Al margen del tipo de éxito involucrado (con respecto al profeta de la distopía pasada, ser la marca de una causa justa o el intérprete dromo-espectacular), una cosa es segura: una vez que se alcanza el estatus de celebridad, el éxito futuro está garantizado. El éxito se autogenera independientemente de la calidad del discurso. Debe añadirse inmediatamente que este tipo de éxito rotundo plantea un riesgo objetivo para la calidad de las obras del autor. Es bastante común observar que obras destacadas de debut, bendecidas con un éxito inesperado, son seguidas por textos débiles y blandos, desprovistos de cualquier profundidad conceptual.

Entender este fenómeno no es fácil, y no es mi intención someterlo a un análisis exhaustivo aquí. Un amigo y colega me dijo algo que probablemente da en el clavo: «Los libros complejos y brillantes a menudo se escriben para tener la licencia de decir trivialidades con la mayor seriedad y ser tomados en serio». No se puede excluir que esta forma de declive sea una consecuencia de su estatus de celebridad: disfrutar de un estatus particular relaja el rigor de la censura interna, logrando así, académicamente, la condición (nihilista) descrita en las novelas de Dostoyevski con la fórmula «todo es posible». Sin embargo, ciertamente sería ilegítimo reducir este declive únicamente a la relajación del superyó, como si este aspecto fuera el único destinado a asegurar el control sistemático sobre la calidad y «cientificidad» de las propias obras. No deben pasarse por alto otros elementos. El principal de ellos es el siguiente: el estado de celebridad hace que sea muy difícil entablar un diálogo abierto con los propios colegas. Esto ocurre no solo debido a las responsabilidades del autor, sino también a las de sus pares. El estatus de celebridad del autor coloca al colega experto en un estado de particular subordinación, que es una mezcla de *auctoritas* y ansiedad social. Es como si aquí convergieran dos preocupaciones de órdenes muy diferentes, pero que contribuyen al mismo efecto.

El primer dilema del colega podría formularse de esta manera: «Si todos los demás reconocen a este autor como crucial para nuestro tiempo, antes de consentir en mi sentido inmediato de perplejidad sobre él, debo leer a fondo todas sus obras, estudiar rigurosamente los textos a los que se refiere…». Si el colega intenta profundizar en la comprensión de los escritos de la celebridad académica, a menudo termina con una sensación de vacío, lo que naturalmente lleva al abandono del esfuerzo. Llegado a ese punto, ya no se siente uno legitimado para criticar al autor ensalzado. En términos ligeramente paradójicos, podría decirse que la escasa calidad de las obras de una celebridad contribuye no pocas veces a ponerla a resguardo de la crítica.

La segunda reticencia suena así: «No es ni prudente ni apropiado criticar de frente a tal autor porque la crítica podría parecer motivada por resentimiento, envidia o una búsqueda fácil de visibilidad». Por estas razones —y muchas otras que no tengo tiempo de ilustrar aquí y a las que volveré en el capítulo 3— eventualmente uno prefiere evitar expresar críticas hacia las celebridades del pensamiento contemporáneo. Paradójicamente, incluso cuando se es consciente de sus limitaciones, uno termina citando sus libros para evitar el reproche de no haber interactuado con el autor de referencia en un tema crucial para nuestro momento histórico.

En este punto, no se puede dejar de mencionar la cultura dominante de la especialización académica, que resulta en una falta de espíritu crítico hacia las obras fuera del propio campo de investigación —es decir, casi la totalidad de ellas—. El efecto paradójico del culto a la experiencia especializada es que ha legitimado la ignorancia general. Si uno no es un experto en el tema o no posee un capital cultural sustancial, es inevitable tomar los textos de las celebridades académicas muy en serio. Citarlos se convierte en una cuestión de prestigio por dos razones: señala a los colegas que uno está activamente involucrado en la investigación (me he mantenido actualizado) y sitúa la propia contribución dentro del debate contemporáneo (participo en el espíritu de los tiempos). En el capítulo 3 abordaré, en forma dramatúrgica, una posible forma de resistencia frente a esta nueva forma de *auctoritas* (suave). Pero primero es hora de identificar cuatro estrategias argumentativas y operaciones retóricas que resultan exitosas en el mercado de las ideas.

II. CONSEJOS PRÁCTICOS: CUATRO TÉCNICAS PARA EL ÉXITO

I. LA INVERSIÓN

Para comprender plenamente un juego, ya sea un juego de lenguaje o de otra índole, es esencial vivirlo desde dentro; en otras palabras, hay que jugarlo. Por esta razón, considero oportuno ofrecer algunos consejos prácticos sobre la escritura.

Simplificar en exceso incluso los problemas más complejos suele revelar ser la estrategia más acertada. A la luz de esta premisa, no sorprende que una técnica fiable para alcanzar el éxito consista en invertir la tesis dominante sobre un tema determinado, en especial cuando esta tesis parece particularmente evidente y sólida. En nuestra sociedad acelerada, el antagonismo de la oposición genera más impacto que la elaboración de un desarrollo dialéctico complejo.

Conviene privilegiar la claridad de un procedimiento dicotómico no solo frente a la odisea dialéctica (que favorece el número tres), sino también frente a la combinatoria estructuralista (que tiende a operar con cuatro términos). Se trata de hacer una transvaloración de los valores como una inversión sencilla, con un acto soberano, sin sintetizar los términos opuestos.

Sin embargo, la inversión debe hacerse bajo ciertas condiciones: es necesario negar competentemente lo obvio. Es imprescindible demostrar un dominio absoluto del tema para intimidar al lector y luego afirmar, desde una posición de autoridad, la tesis opuesta. La estrategia resulta aún más convincente si, desde el principio, aquello que parece más evidente se presenta como un cliché engañoso. Deleuze ejemplificó magistralmente este enfoque. Consideremos el inicio de su libro sobre Proust: «¿En qué consiste la unidad de *En busca del tiempo perdido?* Al menos sabemos en qué no consiste. No consiste en la memoria ni en el recuerdo incluso involuntario. Lo esencial de la *Recherche* no está en la magdalena ni en las losas».[1]

Este inicio lapidario desmantela lo que el lector de Proust considera cierto y evidente. El tono perentorio refuerza su eficacia y nos predispone de inmediato a pensar en los siguientes términos: «Hasta ahora, todos pensaban que la obra maestra de Proust giraba en torno al pasado, pero esta suposición no era más que un prejuicio ingenuo. La dimensión última de la *Recherche* no es la memoria, sino el futuro: la *Recherche* trata principalmente del aprendizaje y, sobre todo, de los signos (en relación con el futuro)».

El discurso de Deleuze es particularmente sofisticado porque coloca elementos subordinados que están presentes en la obra de Proust en el centro del escenario y los organiza de tal manera que nos conduce a un motivo nuevo y sorprendente, erigido como el verdadero centro invisible de toda la estructura del discurso (con la tesis opuesta: la primacía del futuro).

Una posición así no puede sino provocar desconcierto. Y nunca es fácil para uno enfrentarse a su propio

1   G. Deleuze, *Proust y los signos,* Barcelona, Anagrama, 1995, p. 11.

desconcierto. En consecuencia, se termina siguiendo al autor, quien demuestra una maestría sobre el tema mientras lo subvierte. Además, el lector se encuentra en una situación objetivamente incómoda. Conviene recordar una frase elocuente, atribuida popularmente a Bertolt Brecht: «Nos sentamos del lado equivocado porque todos los demás asientos estaban ocupados».

Una estrategia como la de Deleuze sobre Proust nos coloca en la posición particularmente incómoda de tener que enunciar lo obvio, de defender lo trivial. Así, nos encontramos divididos. Sentimos la necesidad de contradecir el equívoco y queremos decir lo que parece incontrovertible: «La memoria involuntaria es la experiencia privilegiada para Proust, y solo a partir de la sensación extratemporal que resurge milagrosamente puede comprenderse el arte». Pero al mismo tiempo, sentimos un sabor amargo en la boca por repetir estos lugares comunes. Nos avergonzamos de encontrarnos en el papel del pedante. Optamos entonces por el silencio. Y, de esta manera, nuestro silencio contribuye pasivamente a realzar la tesis «heterodoxa».

Permítaseme una aclaración: reconocer el momento de la inversión no prejuzga en absoluto el valor filosófico de la tesis propuesta. Puede ocurrir que la tesis opuesta a la vulgata dominante no haga justicia al autor (Proust) y, sin embargo, posea un interés filosófico innegable, como en el caso de la interpretación deleuziana centrada en el futuro.

Asimismo resulta pertinente recordar cómo el propio Deleuze se convirtió en víctima de esta estrategia.

43

En su libro *Deleuze: El clamor del ser,* la crítica de Badiou a Deleuze repite perfectamente el mismo esquema. Tras relatar su relación personal turbulenta con Deleuze en el primer capítulo, la confrontación teórica de Badiou comienza de la siguiente manera:

> Hay una imagen de Deleuze, a la vez radical y moderada, solitaria y sociable, vitalista y democrática. A menudo se piensa que su doctrina alienta la multiplicidad heterogénea de los deseos e incita su realización sin trabas: que se preocupa por el respeto y la afirmación de las diferencias: que constituye por esta razón una crítica conceptual de los totalitarismos, como lo indica prácticamente el hecho de que Deleuze, incluso incomparable con Foucault en este aspecto, se haya mantenido alejado de los compromisos estalinistas o maoístas. Se piensa que ha reservado los derechos del cuerpo contra el terrorismo formalista: que no ha cedido jamás al espíritu de sistema, al preconizar siempre lo Abierto y el movimiento, la experimentación sin norma preestablecida. Que ha resistido, con su método de pensamiento que no conocía sino el caso y las singularidades, las aplastantes abstracciones de la dialéctica.[2]

Badiou dedica otras dos páginas a profundizar en esta imagen de Deleuze como filósofo de la diferencia, la singularidad y la multiplicidad: lo considera «el inven-

2   A. Badiou, *Deleuze. El clamor del ser,* Buenos Aires, Manantial, 1997, p. 21.

tor, en consonancia con la virtud que él mismo concedía a Leibniz para la edad clásica, de un Barroco contemporáneo, donde nuestro deseo de múltiple, de mestizaje, de coexistencia de universos sin regla común, en suma, nuestro democratismo planetario, encuentran un lugar donde reflejarse y desplegarse».[3]

Dada la estructura de mi texto y el tono de mi argumento, no sorprenderá a mi lector saber que, según Badiou, esta imagen es completamente errónea. Deleuze es, sin duda, el autor que buscó abandonar la distribución misma del Ser según las categorías de lo Uno y lo Múltiple, mediante el concepto de repetición.

> Pero, como siempre en Deleuze, el más allá de la oposición estática (cuantitativa) acaba por convertirse en la asunción cualitativa de uno de sus términos. Ahora bien, contrariamente a la imagen común (Deleuze como liberador de lo múltiple anárquico de los deseos y las errancias), contrariamente incluso a las aparentes indicaciones de su obra, que juega con la oposición múltiple/multiplicidades («solo hay multiplicidades raras»), su pensamiento se consagra, en su más alto destino, al desarrollo del Uno, rebautizado por Deleuze con el nombre de Uno-todo.[4]

Deleuze se convierte aquí en el filósofo aristocrático y sistemático del Uno-Todo, fundamentalmente afín a

3   *Ibid.*, p. 22.
4   *Ibid.*, p. 23.

Parménides (reinterpretado a través de Heidegger). La imagen se invierte 180 grados. No me interesa aquí ahondar en el tema destacando las distorsiones de esta interpretación ni, por ejemplo, señalar cómo el pasaje final de *Diferencia y repetición*,[5] al que Badiou atribuye un valor fundamental para respaldar su tesis, es objeto de una manipulación indebida al ser citado de forma incompleta: esto falsifica la relación entre diferencia, univocidad, retorno y apertura.[6] Aquí, me limito a enfatizar la luminosa simplicidad de la inversión. La imagen de Deleuze presentada por Badiou es la opuesta a la canónica, y esta inversión seduce cegando y ciega seduciendo.

Hasta ahora, hemos examinado dos casos en los que tanto la tesis como la antítesis pueden considerarse homogéneas en cuanto a su complejidad. No obstante, hay otros casos en los que a una tesis particularmente intrincada se contrapone una de notable sencillez. Y esta estrategia, cuyos rendimientos filosóficos suelen ser de los más endebles, es paradójicamente la más propicia para alcanzar un éxito inmediato en el mercado académico de las ideas. Dicho de otro modo: si aspiras al éxito, identifica una tesis filosófica compleja, articulada y sofisticada; analiza minuciosamente su estructura interna, y luego contrapón una tesis diametralmente opuesta, con la condición de que esta (anti)tesis se caracterice por una simplicidad fuera de lo común.

5   G. Deleuze, *Diferencia y repetición,* Buenos Aires, Amorrortu, 2002, pp. 445-446.

6   C. Crockett, *Deleuze Beyond Badiou: Ontology, Multiplicity, and Event,* Nueva York, Columbia University Press, 2013.

Resulta paradójicamente ventajoso que la antítesis sea particularmente simple o, dicho sin ambages, incluso trivial. La eficacia del discurso radica en la disposición estratégica de los términos en juego. Borges nos ilustró magistralmente este fenómeno: el Quijote de Cervantes difiere radicalmente del «escrito» por Pierre Menard en el siglo xx, pese a su identidad literal.[7] Al examinar inicialmente una posición filosófica intrincada, exponiendo sus complejidades y ahondando en sus tecnicismos, se induce al lector a percibir dicha posición como artificiosa y, en última instancia, estéril. En contraste, la simplicidad de la tesis propia suscitará un efecto casi numinoso: será acogida con un genuino sentimiento de alivio. El lector experimentará una suerte de epifanía, que podría articularse así: «Por fin, un autor que llama al pan, pan y al vino, vino».

La relación dialéctica exige una descripción precisa: por un lado, la simplicidad de la antítesis resplandece reveladoramente por contraste; por otro, cabe subrayar que la antítesis se nutre de la luz reflejada de la tesis. Al presentarse después del paradigma complejo, la antítesis transmite la impresión de haber superado o, más bien, trascendido a su contraparte. Esta superación combina tres momentos distintos que se entrelazan: 1) es inmune a la «tesis», 2) la contiene dentro de sí, y 3) la ha dejado atrás. Llegados a este punto, resulta imperativo acuñar una denominación para esta nueva propuesta filosófica «revolucionaria». Dicha denominación ha de ser altisonante para dar dignidad a una

---

7   J.L. Borges, *Ficciones (1935-1944)*, Buenos Aires, Sur, 1944.

teoría que debe ser inmediatamente accesible: en otras palabras, la hipercomplejidad de la marca compensa la hipersimplicidad de la teoría. Aunque podría ofrecer numerosos ejemplos del éxito de esta estrategia de inversión «simple», es difícil hallar un caso más ilustrativo que el realismo especulativo de Quentin Meillassoux, discípulo de Alain Badiou.

La crítica de Meillassoux al correlacionismo debe su (limitada) relevancia filosófica principalmente a la tesis negada, es decir, el correlacionismo. El éxito de una obra como *Después de la finitud* radica en la complejidad del paradigma epistémico negado y el contraste con la tesis opuesta. Este tipo de trabajo es fundamentalmente parasitario respecto del objeto criticado. Más precisamente, puede afirmarse que el paradigma epistémico negado conserva cierto grado de complejidad, a pesar de la simplificación y distorsión salvaje a la que es sometido.

Dicha distorsión ocurre a través de varias técnicas, la más «inocente» de las cuales es la repetición. Cuando la tesis opuesta se repite innumerables veces, su complejidad acaba transformándose en complicación: una tesis que inicialmente resulta sensata, después de ser repetida múltiples veces con variaciones mínimas, pierde inevitablemente su claridad. Este fenómeno es comparable a la experiencia de repetir una palabra en voz alta hasta que su significado se diluye por completo.

La repetición suele acompañarse de técnicas más invasivas que subrayan la naturaleza aparentemente evidente, pero en realidad infundada y barroca, del paradigma criticado. Este paradigma «complicado» se contrapone luego con un hecho irrefutable, como la presencia inequívoca de fósiles anteriores a la aparición del ser humano. Ergo, el correlacionismo se reduce a un antropocentrismo injustificado, incapaz de dar cuenta de los datos objetivos proporcionados por la ciencia.

Pensar la ciencia significa, por lo tanto, reflexionar sobre el estatuto de un devenir que no puede ser correlacional porque el Correlato está en él, y no él en el Correlato. Y el desafío es el siguiente: entender cómo la ciencia logra pensar un mundo en el que la donación espacio-temporal ha sucedido ella misma en un tiempo, y también en un espacio, que precedieron a toda donación.[8]

«Donación» aquí significa darse a alguien.

Pero a partir de ahí, todo ocurre como si la frontera entre el idealismo trascendental —un idealismo de algún modo urbano, civilizado, razonable— y el idealismo especulativo, e incluso subjetivo —un idealismo salvaje, áspero, más bien extravagante—, todo ocurre, entonces, como si esa frontera que nos habían enseñado a trazar —la que separa a Kant de Berkeley—, como si esa frontera se desdibujara, se desvaneciera a la luz de la materia-fósil. Frente al

8   Q. Meillassoux, *Après la finitude. Essai sur la nécessité de la contingence*, París, Seuil, 2006, p. 25.

archifósil, todos los idealismos convergen y se vuelven igualmente extraordinarios: todos los correlacionismos se revelan como idealismos extremos, incapaces de aceptar que esos acontecimientos de una materia sin hombre de los que nos habla la ciencia efectivamente pudieron ocurrir tal como la ciencia los describe.[9]

Meillassoux no tarda en ridiculizar al correlacionista al compararlo con el creacionista: ambos demuestran ser incapaces de tomarse en serio a la ciencia.

> ¿Y nuestro correlacionista no se encuentra entonces peligrosamente cercano a esos creacionistas contemporáneos? A esos creyentes pintorescos que afirman hoy, según una lectura «literal» de la Biblia, que la Tierra no tendría más de 6000 años y que, cuando se les objeta con las dataciones más antiguas proporcionadas por la ciencia, responden, impávidos, que Dios creó hace 6000 años, al mismo tiempo que la Tierra, compuestos radiactivos que indican una edad de la Tierra mucho más antigua —todo ello para poner a prueba la fe de los físicos—. ¿Tendría el sentido del archifósil un propósito similar: poner a prueba la fe del filósofo en los correlatos, incluso frente a datos que indican un abismo insondable entre lo que existe y lo que aparece?[10]

9 *Ibid.*, p. 36
10 *Ibid.*

Debo confesar que encuentro la mala interpretación que hace Meillassoux de lo trascendental bastante fascinante. Al abordar la objeción de que el «argumento» del archifósil malentiende la distinción entre lo empírico y lo trascendental, Meillassoux sostiene que el sujeto trascendental debe ser necesariamente corpóreo. Con una llamativa despreocupación, transita del concepto kantiano de lo trascendental, considerado supuestamente desprovisto de corporeidad, a la noción husserliana de punto de vista, vinculada al concepto de «adumbración» *(Abschattung)*, aludiendo a *Ideas II* (aunque cabría preguntarse: ¿por qué no remitirse a *Ideas I*, donde dicho concepto ya está ampliamente desarrollado?), sin detenerse a reflexionar sobre lo que implica la corporalidad ni abordar las síntesis pasivas en los distintos ámbitos sensibles (visión, olfato, audición, etc.), donde, de forma paradójica, una referencia a *Ideas II* habría sido particularmente adecuada.[11] Apoyándose en una rígida dicotomía entre esencia y existencia, Meillassoux considera la corporeidad del sujeto trascendental como un mero hecho bruto, como un puro «eso». Una tesis de este tipo no solo permanece ciega frente a las operaciones que subyacen a las síntesis pasivas corporales del

---

11   E. Husserl, *Ideen zu einer reinen Phänomenologie und phänomenologischen Philosophie. Zweites Buch: Phänomenologische Untersuchungen zur Konstitution*, La Haya, Martinus Nijhoff, 1952 [trad. cast.: *Ideas II. Ideas relativas a una fenomenología pura y a una filosofía fenomenológica,* Ciudad de México, FCE, 2005]; *Ideen zu einer reinen Phänomenologie und phänomenologischen Philosophie: Erstes Buch, Husserliana 3,* La Haya, Martinus Nijhoff, 1976 [trad. cast.: *Ideas I. Ideas relativas a una fenomenología pura y a una filosofía fenomenológica,* Ciudad de México, FCE, 2013].

organismo, sino que también ignora su conciencia interna del tiempo, las relaciones intersubjetivas y lo que Husserl denominó el «mundo de la vida» *(Lebenswelt)*. Además, no logra captar el sentido profundo de los procesos de espacialización y temporalización inherentes a lo trascendental, ni su pluralización tal como fue articulada en el marco de la fenomenología husserliana. La relevancia de la fenomenología para otras disciplinas que abordan la alteridad, como la psicopatología y la antropología cultural, radica precisamente en su capacidad para ofrecer herramientas para relacionarse con la alteridad de diferentes mundos de la vida, destacando los diversos «modos de identificación» —para usar el término de Descola.

Después de la finitud suscita en el lector una sensación de indecidibilidad: ante ciertas tesis, como aquella que pasa por alto las diferencias entre el idealismo de Berkeley, la filosofía trascendental de Kant y la fenomenología husserliana, resulta imposible discernir dónde comienza la superficialidad y dónde termina la mala fe. En este contexto, comprendo plenamente la reacción de Zahavi, quien, en su crítica al realismo especulativo (dirigida no solo a Quentin Meillassoux, sino también a Ray Brassier, Iain Hamilton Grant, Graham Harman, entre otros), opta por poner de relieve las debilidades estructurales de dichas afirmaciones, sin profundizar demasiado en el debate sobre las tesis individuales.

La supuesta crítica devastadora que el realismo especulativo dirige a la fenomenología presenta varias fallas:

Es demasiado superficial: malinterpreta los textos clásicos y no interactúa lo suficiente con la literatura relevante en el campo.

Es excesivamente simplista: ignora diferencias importantes dentro de la fenomenología, como la distinción entre la fenomenología realista temprana y el idealismo trascendental de Husserl, y pretende evaluar el valor y la relevancia de los análisis fenomenológicos en su totalidad al criticar lo que la fenomenología dice, o no dice, sobre el tema de la metafísica.

Carece de novedad: las objeciones centrales ya han sido planteadas previamente por (algunos) fenomenólogos, filósofos analíticos y científicos empíricos.[12]

Si se la priva de la crítica al correlacionismo, la propuesta realista de Meillassoux resulta evidentemente endeble. La idea de un Gran Afuera independiente de todo testigo y directamente accesible en términos matemáticos está más enunciada de forma dogmática que adecuadamente desarrollada. No es en absoluto casual que su argumento del archifósil haya tenido una recepción infinitamente más significativa que su propuesta de un realismo especulativo fundado en la apertura de la matemática al absoluto, ni que su crítica del principio de razón suficiente haya conducido a sus problemáticos desenlaces barrocos («la necesidad de la contingencia»). En resumen: en ciertos casos (como el de Meillassoux), el éxito de una tesis radica en el

12   D. Zahavi, «The End of What? Phenomenology vs. Speculative Realism», *International Journal of Philosophical Studies* 24(3), 2016, p. 303.

contraste entre el paradigma criticado y la propuesta filosófica propia. El contraste entre la complejidad del paradigma opuesto y la aparente claridad trivial de la propuesta propia paradójicamente legitima la crítica.

Quizás la decisión más razonable y sensata sea evitar entablar debates con obras contemporáneas favorecidas por el éxito, dado que las obras clásicas del pasado ya han ofrecido respuesta a sus objeciones. En este sentido, no pocas veces he pensado que la respuesta más adecuada y elegante podría inspirarse en Aby Warburg. Es bien sabido que Warburg adoptaba un criterio especial para organizar los volúmenes en su biblioteca: el principio del «buen vecindario». Obras de disciplinas diversas —desde la astrología hasta la filosofía, pasando por la teología y la historia del arte— se disponían juntas porque abordaban un mismo problema desde perspectivas diferentes. Así, detrás de cada emparejamiento de libros residía un programa secreto de investigación.

Me pregunto si no sería conveniente adoptar este enfoque también como modelo en el ámbito de la crítica. Dicho de manera más explícita: ¿No sería acaso apropiado criticar ciertos libros yuxtaponiéndolos con obras del pasado, en lugar de invertir un tiempo considerable en argumentaciones minuciosas? Esta forma de crítica aúna elegancia estilística y máxima eficiencia temporal. ¿Por qué habría de reiterar el argumento de que el saber científico presupone inevitablemente el mundo de la vida, si Husserl ya lo ha expuesto de manera insuperable? ¿Por qué esforzarme en construir frases complejas para demostrar cómo la experiencia corporal exige algo que se configura a través de una relación matizada con el entorno *(Umwelt),* cuando Uexküll lo ha expresado magistralmente al describir la intrincada relación entre «mundo de efectos» *(Wirkwelt)* y «mundo perceptual» *(Merkwelt)?* Si las revistas especializadas de filosofía dieran cabida a este tipo de crítica basada en imágenes, la imaginación científica se vería, sin duda, profundamente enriquecida. Si tuviera que enviar una reseña de inspiración warburguiana del libro *Después de la finitud,* la imagen que la acompañaría mostraría el emparejamiento de tres obras: *La crisis de las ciencias europeas,* de Edmund Husserl, *Andanzas por los mundos circundantes de los animales y los hombres,* de Jakob von Uexküll y los *Reden,* de Karl Ernst von Baer (vol. I, pp. 237-284).[13]

13   E. Husserl, *La crisis de las ciencias europeas y la fenomenología trascendental,* Barcelona, Crítica, 1991; J. von Uexküll, *Andanzas por los mundos circundantes de los animales y los hombres,* Buenos Aires, Cactus, 2016; K.E. von Baer, *Reden gehalten in wissenschaftlichen Versammlungen, und kleinere Aufsätze vermischten Inhalts,* Petersburgo, 1864.

2. SER EL PRIMERO

Si hay un legado heideggeriano en la filosofía contemporánea, este se manifiesta en el gesto soberano
que afirma: «Yo soy el primero en haber captado lo
esencial», implicando con ello que el filósofo es el
princeps. Lo esencial puede ser la historia secreta de
un Ser esquivo o un don espectral.[1] Sin embargo, más
esencial que este carácter esencial del Ser (en términos
de contenido) es el gesto soberano de trazar la frontera entre lo esencial y lo no esencial, entre lo óntico
y lo ontológico, entre lo existenciario y lo existencial,
entre lo auténtico y lo inauténtico, entre lo empírico
y lo trascendental. Lo esencial es, por tanto, el gesto
mismo de proclamarse príncipe en el desvelamiento de

---

1   En consonancia con la lógica previamente esbozada, según la
cual «se suben constantemente las apuestas» (p. 30), el carácter espectral
y pretencioso de la donación como *Ereignis* (acontecimiento) encuentra su expresión más acabada en la obra de Marion, *Étant donné. Essai
d'une phénoménologie de la donation*, París, PUF, 1997. La importante conferencia de Heidegger *Zeit und Sein* (Tubinga, Max Niemeyer, 1969)
constituye un punto de referencia indispensable para abordar el concepto de donación en el contexto de la filosofía contemporánea. Esta
temática fue posteriormente explorada y ampliada por Derrida en
varias obras, entre las que destacan *Dar (el) tiempo* (*Donner le Temps: 1.
La fausse monnaie*, París: Galilée, 1991) y el notable *Dar la muerte* (*Donner
la Mort*, París, Galilée, 1992). Marcel Hénaff, por su parte, ha escrito un
texto elucidativo sobre el tema del don en la filosofía contemporánea
(*Le Don des philosophes: Repenser la réciprocité*, París, Seuil, 2012).

lo esencial: «Yo soy el primero». Este gesto de autoatribuirse el título de príncipe del principio *(arché)* constituye un fenómeno fascinante, que bien podría denominarse el *complejo heideggeriano*, o, más precisamente, el *complejo (evidentemente originario) de soberanía*.

En la cultura académica actual —ávida de novedades radicales y marcada por una especialización del saber que rara vez desarrolla defensas frente a discursos que exceden su propio ámbito—, este gesto soberano no tarda en reportar beneficios. Me propongo aclarar este aspecto recurriendo a pasajes significativos de uno de los seminarios tardíos de Derrida en la École des Hautes Études en Sciences Sociales: *La bestia y el soberano* (2001-2002).

No creo equivocarme al afirmar que la actitud general del último Derrida hacia los autores contemporáneos es predominantemente generosa. Incluso cuando expresa sus reservas respecto de una teoría particular, y considera necesario desplazar los ejes del discurso, suele percibirse en sus palabras una benevolencia de fondo, si no un auténtico sentimiento de gratitud. Por ello, resulta sorprendente el tono —calificarlo de corrosivo sería un eufemismo— de su crítica a Agamben en la tercera sesión de *La bestia y el soberano*. La discusión en torno al tema del hombre lobo lleva a Derrida a confrontar a Agamben. Al reflexionar sobre el célebre pasaje de *El Príncipe* de Maquiavelo, relativo al zorro, los lobos y el león, Derrida invita a leer el apartado 6 de la segunda parte de *Homo sacer* («La exclusión y el lobo»), señalando de inmediato inexactitudes genealógicas en el texto, como la atribución de la frase *homo homini lupus* a Hobbes en lugar de a Plauto.

Me interesa considerar esta confrontación de Derrida con Agamben para poner de relieve aquellas operaciones sintácticas sofisticadas, elecciones semánticas y preferencias léxicas que revelan una voluntad de soberanía por parte del autor,[2] y que sugieren al lector la *primacía* —en un sentido múltiple— de su discurso. El uso minuciosamente calculado de expresiones como «por primera vez» o «primero» contribuye a generar en el lector la impresión de estar ante un discurso revolucionario. Muchos filósofos exitosos de nuestro tiempo recurren sistemáticamente a estas estrategias o estratagemas. Por ello, considero oportuno dedicar amplio espacio al texto de Derrida, que puede leerse como una denuncia de operaciones retóricas tan difundidas como inadvertidas:

> Esos olvidos de lobos, y de lobos que en cierto modo tienen prioridad, son aquí tanto más significativos, incluso divertidos que, como es habitualmente el caso en aquel autor, su gesto más irreprimible consiste habitualmente en reconocer prioridades que se

2   Conviene recordar la interrelación entre los términos «autor» y *auctoritas*: «El sentido primero de *augeo* se encuentra nuevamente por medio de *auctor* en *auctoritas*. Toda palabra pronunciada con la *autoridad* determina un cambio en el mundo, crea algo; esta cualidad misteriosa es lo que *augeo* expresa, el poder que hace surgir las plantas, que da existencia a una ley. El que es *auctor*, el que promueve, solo ese está dotado de esa cualidad que en la tradición india se denomina *ojah* ["fuerza, potencia"]» (E. Benveniste, *Vocabulario de las instituciones indo-europeas*, Madrid, Taurus, 1983, p. 327).

habrían desconocido, ignorado, pasado por alto, no sabido o no podido reconocer, por falta de saber, falta de lectura o de lucidez, de fuerza de pensamiento —prioridades, pues, *primeras veces,* iniciativas inaugurales, acontecimientos instauradores que se habrían descuidado o pasado por alto por consiguiente, en verdad, prioridades que son preeminencias, principados, firmas principales, firmadas por príncipes del comienzo que todo el mundo, salvo el autor, por supuesto, habría ignorado, de modo que, cada vez, el autor de *Homo sacer* sería el primero en decir quién *habrá sido* el primero.

Lo subrayo con una sonrisa tan solo para recordar que esa es la definición, la vocación, incluso la reivindicación esencial de la soberanía. Aquel que se plantea como soberano o que pretende tomar el poder como soberano dice o sobreentiende siempre: aunque yo no sea el primero en hacerlo o decirlo, soy el primero o el único que conoce y reconoce quién *habrá sido* el primero. Y añadiré: el soberano, si lo hay, es aquel que consigue que los demás crean, al menos por algún tiempo, que él es el primero o el primero en haber sabido quién habrá sido el primero, allí donde se dan todas las oportunidades para que casi siempre sea falso, a pesar de que, en algunos casos, nunca se ponga eso en duda. El primero, por lo tanto, es, como su nombre indica, el príncipe: hombre, zorro y león, por lo menos cuando el asunto le funciona. Por ejemplo, en la página 34, en un capítulo que se titula justamente «La paradoja de la soberanía», se puede leer, creamos o no lo que ven nuestros ojos —cito—: «Hegel fue el *primero* en comprender *hasta el final* [...]» [... por supuesto, queda por saber lo que quiere decir, lo que el autor sobreentiende con ese «hasta el final», pues de mostrarse que Hegel no fue el primero en comprender esto o aquello, el autor siempre podrá fingir una concesión y decir, sí, de acuerdo, se habrá comprendido esto o aquello antes de Hegel pero no «hasta el final», siendo definido, determinado o interpretado el final por el autor, es decir, por el primero en descubrir que Hegel fue el primero en comprender «hasta el final», de modo que el auténtico primero no es nunca Hegel ni ningún otro en verdad, es «el que dijo», como suele decirse, es aquel que, llegado finalmente por primera vez hasta el final, sabe lo que «hasta el final» quiere decir a fin de cuentas, hasta el final del todo, y en este caso lo que Hegel habrá comprendido cuando —cito a Agamben:] «Hegel fue el *primero* en comprender *hasta el final* esa estructura presupositiva del lenguaje y, gracias a la cual, este está inmediatamente fuera y dentro de sí mismo». Sigue todo un parágrafo muy interesante —que les dejo que lean ustedes—, sobre todo acerca de un lenguaje que es soberano, «en un estado de excepción permanente, declarando que no hay fuera-de-lengua, que está siempre más allá de sí mismo», de modo que «decir es siempre, en ese sentido, *ius dicere*». Todo esto me parece tan cierto y convincente que no solo Hegel, que lo dijo a su manera, no ha sido el primero ni el único en decirlo, sino que sería muy difícil encontrar —y no solo en la historia de la filosofía y no solo en la reflexión sobre el lenguaje— a alguien que ya no lo haya dicho, o puesto en marcha, o sobreentendido, quedando por determinar el «hasta el final», y no quedando determinado sino por el último en llegar, el cual se presenta como el primero en saber quién habrá sido el primero en pensar algo hasta el final.

Once páginas más adelante nos encontramos con otro primero que el autor de *Homo sacer* es el primero en identificar como primero; esta vez se trata de Píndaro, «primer gran pensador de la soberanía». Cito: «Mientras que en Hesíodo el *nomos* es el poder que divide la violencia y el derecho, el mundo animal y el mundo humano, y que en Solón la "conexión" entre *Bia* y *Diké* no contiene ni ambigüedad ni ironía [¿cómo se puede estar seguro, les pregunto a ustedes, de que un texto de Solón o de que el texto de nadie no contenga ironía alguna? Nunca se puede probar una ausencia de ironía, por definición, ahí es incluso donde los príncipes zorros hallan su invencible recurso], en Píndaro por el contrario —y este es el núcleo que deja en herencia al pensamiento político occidental y que lo convierte, en cierto modo, en el primer gran pensador de la soberanía [...]».[3]

No es necesario reproducir íntegramente las implacables críticas de Derrida al texto de Agamben. Sin embargo, resulta pertinente citar un extenso pasaje dedicado a Lévinas, ya que pone de relieve una de

---

3 J. Derrida, *La bestia y el soberano, I*, Buenos Aires, Manantial, 2010, pp. 121-123.

las estrategias más habituales en la investigación académica: afirmar que un determinado campo o un aspecto esencial de un paradigma epistémico aún no ha sido investigado como es debido. Se acusa a un intérprete en particular o, mejor aún, a la bibliografía secundaria en general, de haber incurrido en negligencia por no haber identificado un momento crucial del objeto de investigación.

Este gesto retórico cumple simultáneamente varias funciones. Me limito a señalar dos. En primer lugar, sugiere de manera discreta pero eficaz la propia competencia desmesurada: quien escribe domina tanto al pensador de referencia como a la totalidad de la *scholarship* dedicada a él. Quien apunta verdaderamente alto sostiene que la tradición entera del pensamiento occidental es culpable de una determinada negligencia.

En segundo lugar, este gesto afirma de manera soberana la idea de que solo ahora, gracias a la propia intervención, lo esencial sale finalmente y por primera vez a la luz: el lector tiene casi la sensación de asistir en directo a un descubrimiento sensacional. Precisamente por ello es necesario insistir en el carácter imperdonable de la negligencia y, preferiblemente mediante refinados artificios retóricos, dar expresión al asombro y a la perplejidad ante el incomprensible enigma de que algo tan crucial haya podido pasar desapercibido hasta ese momento. Es preciso transmitir la siguiente sensación: en realidad, no logro explicarme cómo he podido ser el primero en ver que un determinado autor (Aristóteles, Hegel o quien fuere) fue el primero en reconocer lo esencial en un tema tan decisivo. No hay que dudar en recorrer caminos tortuosos con tal de justificar el hecho de ser el primero en colmar una laguna tan imperdonable.

Página 191, otro primero, el cuarto primero de este único libro, se añade a la lista: «Lévinas fue el primero». Es en un pasaje asombroso que, antes de nombrar a Lévinas y hablando en nombre del autor de *Homo sacer*, pretende descubrir por primera vez —cito— el verdadero sentido de la «relación entre Heidegger y el nazismo», «resituada en la perspectiva de la biopolítica moderna», lo cual —cito de nuevo— «tanto los detractores como los defensores [de Heidegger] han descuidado hacer». También aquí sonreímos, no solo porque tendríamos tantas pruebas de lo contrario sino, sobre todo, porque el concepto de descuido es de los más sobrecargados, múltiple en sus diferentes lógicas, necesariamente oscuro y dogmático cuando se lo maneja como una acusación, vago por definición en sus usos. Siempre se es *a priori* descuidado, especialmente en la acusación de descuido. ¿Qué es descuidar? ¿A partir de qué momento se es descuidado? ¿Dónde se hace lo que se hace, dónde se dice lo que se dice de forma descuidada o negligente? Pregunta que, por definición, carece de una respuesta rigurosamente determinada. Misma pregunta que para la ironía. «Descuidar», por lo demás, es una palabra abisal que no habría que utilizar de manera descuidada o negligente y que no habría que descuidar analizar constantemente, como nosotros empezamos a hacerlo, pero deberemos inevitablemente descuidar hacerlo de forma absolutamente adecuada en este seminario. Tras haber lanzado esta acusación en torno al verdadero sentido de la «relación entre Heidegger y el nazismo» «resituada en la perspectiva de la biopolítica moderna (lo cual tanto los detractores como los defensores [de Heidegger] han descuidado hacer»), el autor de *Homo sacer* escribe: «Lévinas fue el primero, en un texto de 1934 *(Quelques réflexions sur la philosophie de l'hitlérisme)*, que sin duda constituye *todavía hoy la contribución más valiosa* [subrayo] para una comprensión del nacional-socialismo [...]».

Tras lo cual, habiendo señalado sin embargo que el «nombre de Heidegger no aparece en ninguna parte» en ese texto de Lévinas, Agamben alude a una nota añadida en 1991 (por consiguiente, mucho tiempo después, cerca de sesenta años después y en la segunda edición del *Cahier de L'Herne* donde ese texto de 1934 se había retomado con anterioridad) y que, siempre sin nombrar a Heidegger, puede en efecto ser leída como una alusión no equívoca a Heidegger (en 1991 pues), Agamben escribe, a su vez, en 1995: «Pero —dice— la nota añadida en 1991 [...] no deja ninguna duda acerca de la tesis [subrayo esto] *de que un lector atento debería, de todos modos, haber leído entre líneas»*, etc. Por consiguiente, en 1995, se nos dice que Lévinas fue el primero, en 1934, en decir algo o en hacer algo que apenas precisó en 1991, pero que un lector atento, por lo tanto más atento que el propio Lévinas en 1934, *debería,* tal y como Agamben es pues el primero en anotar y en hacer notar en 1995 −cito−, «de todos modos, haber leído entre líneas».[4]

Derrida concluye su discurso subrayando la cuestión ético-política de decir «después de usted»:

Si hay «primeros», yo estaría tentado de pensar por el contrario que nunca se han presentado como tales. Ante esta distribución de los primeros premios de la clase, de los premios de excelencia y de los *accesits*, ceremonia [donde] el sacerdote empieza y termina siempre, principesca o soberanamente, inscribiéndose a la cabeza, es decir, ocupando el lugar del sacerdote o del maestro que nunca descuida el dudoso placer que hay en sermonear o en dar lecciones, entrarían asimismo ganas de recordar, tratándose de Lévinas, lo que, primero o no en hacerlo, dijo y pensó de la *anarchia*, precisamente, de la protesta ética, por no hablar del gusto, de la cortesía, incluso de la política, de la protesta contra el gesto que consiste en llegar el primero, en ocupar el primer puesto entre los primeros, *en archê*, en preferir el primer puesto o en no decir «después de usted». «Después de usted» —dice Lévinas no recuerdo dónde— es el comienzo de la ética. No servirse el primero, lo sabemos todos nosotros, es al menos el ABC de los buenos modales, en la sociedad, en los salones e incluso en la mesa de una posada.[5]

4   *Ibid.*, pp. 123-125.
5   *Ibid.*, p. 125.

El gesto soberano que engendra la ilusión de un «por primera vez», según el cual hoy —o más precisamente, ahora— acontece algo que antes resultaba impensable, constituye sin duda una de las mercancías más codiciadas tanto en el mercado editorial como en el ámbito de la financiación de la investigación.

Lo expuesto hasta aquí puede resumirse con exactitud del modo siguiente: para hacerse un nombre en filosofía, conviene identificar una posición compleja, someterla a un análisis minucioso y, finalmente, invertirla mediante una tesis opuesta, siempre que esta sea de una sencillez poco común. No hay que dudar en reactivar categorías «clásicas» y obsoletas, como la distinción entre cualidades primarias y secundarias —tal como hace Meillassoux—. Aunque estas hayan sido cuestionadas desde múltiples tradiciones y disciplinas (de Merleau-Ponty a Daniel Stern), conservan el mérito de ser reconocibles y de suscitar una sensación de hogar. Después, hay que afirmar la primacía de un discurso capaz de revolucionar de forma radical los paradigmas epistémicos ordinarios, y dotarlo de un título —una marca— de fuerte resonancia. Si, además, se ocupa una cátedra en una universidad de renombre, el éxito está prácticamente garantizado: ejércitos de doctorandos se apresurarán a escribir sus tesis sobre tu obra.

3. PRESENTAR LA PROPIA PALABRA COMO EXPRESIÓN DE LA COSA MISMA (Y SI SE PRESENTA LA OPORTUNIDAD: NO PERDER LA OCASIÓN DE AUTOCITARSE)

La empresa no es de las más sencillas: se trata de generar la impresión de que la verdad irrumpe ahora, por primera vez, desde sí misma. No es en absoluto fácil articular el discurso de manera que resalte el carácter traslúcido del lenguaje y haga creer que es la cosa misma la que habla. Se requiere una gran maestría para producir una experiencia auténtica de verdad. Siempre conviene preparar de manera imperceptible las condiciones para dicha experiencia y luego acelerar súbitamente, confrontando al lector con la necesidad de una tesis completamente inesperada, como, por ejemplo, la idea de que la ciencia se funda en la represión del problema de la nada. Utilizo aquí deliberadamente una terminología psicoanalítica que, sin duda, no habría complacido al autor del que me ocuparé, para ejemplificar el gesto que se examina en estas páginas: presentar la propia palabra como si fuese la cosa misma la que se expresa. Este arte es sumamente sutil y solo algunos autores logran practicarlo con maestría. Heidegger, sin duda, es uno de ellos. Consideremos cómo Heidegger introduce el concepto de la nada en *¿Qué es la metafísica?*, un texto eminente por múltiples razones. En primer lugar, debe recordarse que se trata de la lección inaugural pronunciada por Heidegger el 24 de julio de 1929 en Friburgo. En el contexto universitario alemán, la «lección inaugural» *(Antrittsvorlesung)* posee un alto valor simbólico: representa el momento en que se comunica el programa de investigación futuro dentro del marco institucional. En segundo lugar, en este escrito, Heidegger manifiesta públicamente por primera vez su distanciamiento de la fenomenología trascendental de Husserl.[1] En tercer lugar, desde la perspectiva de la historia de los efectos *(Wirkungsgeschichte)*, este texto fue objeto de una crítica polémica por parte de Rudolf Carnap. En su ensayo «La superación de la metafísica mediante el análisis lógico del lenguaje», Carnap cita pasajes de *¿Qué es la metafísica?* como ejemplos paradigmáticos de pseudoproposiciones *(Scheinsätze)*.[2] En otras palabras, el texto de Heidegger constituye el primer campo de batalla entre las dos tradiciones de pensamiento designadas, no sin cierta insatisfacción, como «filosofía continental» y «filosofía analítica». En su lección inaugural, Heidegger subraya la relación íntima entre tres aspectos de la existencia científica: la relación con el mundo *(Weltbezug)*, la actitud *(Haltung)* y la irrupción *(Einbruch)*.

Estas tres cosas, relación con el mundo, actitud e irrupción, en su radical unidad *[wurzelhaft]*, le otorgan a la existencia científica una simplicidad y una

---

1   K. Schuhmann, «Zu Heideggers Spiegel-Gespräch über Husserl», *Zeitschrift für Philosophische Forschung* 32, 1978, p. 602.

2   R. Carnap, «Überwindung der Metaphysik durch logische Analyse der Sprache», *Erkenntnis* 2, 1931, pp. 219-241.

nitidez del ser-aquí apasionantes. Si nos apoderamos expresamente del ser-aquí científico, así esclarecido, tendremos que decir: A donde se encamina la relación mundana es a lo ente mismo… y nada más. De donde toda actitud toma su carácter de guía es de lo ente mismo… y más allá, de nada más. Aquello con lo que tiene lugar la confrontación y el debate investigador en la irrupción es con lo ente mismo… y, por encima de eso, con nada más. Pero lo extraño es que precisamente al asegurarse de lo que le resulta más propio, el hombre científico habla, expresamente o no, de otra cosa. Lo que hay que investigar es solo lo ente… y nada más; solo lo ente… y más allá, nada más; únicamente lo ente… y, por encima de eso, nada más. ¿Qué pasa con esa nada? ¿Es fruto de la casualidad que hablemos así de modo tan espontáneo? ¿Es solo una manera de hablar… y nada más?[3]

A la luz de este análisis, Heidegger llega a la siguiente conclusión: «La ciencia no quiere saber nada de la nada. Pero una cosa sigue siendo cierta: cuando trata a de expresar su propia esencia, recaba en su ayuda a la nada».[4] En el pasado se ha destacado con perspicacia el juego retórico que Heidegger despliega aquí. Es oportuno citarlo en su integridad para explicitar del mejor modo posible la operación retórica que en él se lleva a cabo.

3 M. Heidegger, *¿Qué es metafísica?*, Madrid, Alianza, 2014, pp. 16-17.
4 *Ibid.*, p. 17.

Es notorio que la formulación de Heidegger («a donde se encamina la relación mundana es a lo ente mismo… y nada más», etc.) lleve sutilmente a la conclusión de que la nada pertenezca a la esencia de la ciencia. ¿Es la adición de «y nada más» *(und sonst nichts)* realmente necesaria? Parafraseemos a Heidegger como sigue: la ciencia se refiere exclusivamente a lo ente. ¿Se relacionaría la palabra «exclusivamente» con el concepto de la nada en el mismo grado en que la expresión «y nada más» *(sonst nichts)* lo hace? No trato de plantear directamente el problema de si es legítimo afirmar una conexión interna entre la noción de nada y la ciencia. Más bien preferiría enfatizar que el intento heideggeriano de definir la ciencia se convierte en algo muy distinto, como si la ciencia misma hubiera hablado, como si la formulación escogida por Heidegger *(sonst nichts,* «y nada más») fuera una expresión inmediata de la ciencia misma respecto de su esencia: «Pero una cosa sigue siendo cierta: cuando trata a de expresar su propia esencia, recaba en su ayuda a la nada». Somos testigos en este caso de una auto-atestación magistralmente escondida, casi una auto-certificación, en la que Heidegger trata sutilmente su propia palabra como la palabra de la cosa misma: es como si la ciencia se hubiera mostrado inequívocamente en la prolusión de Heidegger. Para decirlo irónicamente: es como si el intento de la ciencia de expresar su propia esencia coincidiera curiosamente con el análisis heideggeriano de la ciencia. Sin embargo, es importante evitar un posible malentendido: desde luego la aproximación de Heidegger es muy controvertida, puesto que en ella tiene lugar una sutil manipulación de la expresión de la ciencia, una manipulación profundamente análoga al sutil arte de la ventriloquía (filosófica). No obstante, eso no significa que la pregunta por la nada no pertenezca a la esencia (reprimida) de la ciencia. No puede descartarse que una aproximación elevadamente problemática y manipulativa lleve a una pregunta significativa.[5]

El autor de este pasaje mantiene una actitud deliberadamente cauta respecto a la tesis de Heidegger: deja abierta la posibilidad de que la relación entre la ciencia y la nada merezca una investigación rigurosa. No excluye que oculte una profundidad aún inexplorada. Sin embargo, el modo en que Heidegger introduce esta relación se caracteriza como una maniobra retórica de una sutileza excepcional. Es como si el director de una obra teatral fuera tan brillante que lograra suspender en el espectador lo que Husserl denominaba «fantasía perceptiva»: es decir, la conciencia de que lo que se percibe tiene lugar en el ámbito del «como si» *(als ob)*, aunque la escena se despliegue dentro del horizonte de la percepción. El relato está construido de tal manera que el término «ciencia» adquiere una suerte de agencia propia. Quienes consiguen conferir semejante agencia a los conceptos sin llamar la atención sobre sí mismos han hallado una de las claves del éxito.

5 S. Micali, *Fenomenología de la ansiedad*, Barcelona, Herder, 2024, pp. 165-166. En ese pasaje he modificado las palabras relativas a las citas de Heidegger para mantener la concordancia con la traducción estándar al español de *¿Qué es metafísica?* mencionada anteriormente.

4. CÓMO CRITICAR A LOS DEMÁS

El autor exitoso debe situarse frente a los demás desde una posición de superioridad manifiesta. Ciertas premisas deben darse por sentadas, y las desviaciones respecto de ellas deben presentarse como infracciones evidentes. El tono debe ser perentorio: no se argumenta, sino que se enuncia algo obvio —un hecho irrefutable.

En este sentido, resulta paradigmático observar cómo Byung-Chul Han critica a Eva Illouz en el capítulo «El capitalismo de la emoción» de su obra *Psicopolítica*. Han elabora una topografía de las relaciones entre diversas experiencias que se presenta como autoevidente. Las diferencias entre estos fenómenos se articulan en torno a dimensiones subjetivas como su estructura temporal o su esfera lingüística. No me propongo aquí exponer todas las distinciones desarrolladas por Han. Me limito a señalar que distingue cuatro términos: sentimiento *(Gefühl)*, estado de ánimo (o el temple de ánimo o la tonalidad afectiva) *(Stimmung)*, emoción *(Emotion)* y afecto *(Affekt)*.

1. El *sentimiento (Gefühl)* remite a algo objetivo, aunque no siempre se refiera a un objeto concreto (como ocurre en el caso de la angustia, que carece de carácter intencional). Es constatativo y narrable, abre un espacio experiencial y tiene duración.

2. El *estado de ánimo* (o el temple de ánimo o la tonalidad afectiva: *Stimmung)* «es algo enteramente

objetivo». Tiene un carácter estático y constelativo: «El estado de ánimo [o el temple de ánimo o la tonalidad afectiva] no es ni intencional ni performativo. Es el elemento en el que uno se encuentra» *(etwas, worin man sich befindet).*[1]

3. La *emoción (Emotion)* pertenece a la dimensión pragmática: es intencional, orientada a fines, no narrable. Su carácter no es constatativo, sino performativo y expresivo. Temporalmente, las emociones son más volátiles que los sentimientos: no tienen, en sentido estricto, duración.

4. El *afecto (Affekt)* es un fenómeno extemporáneo ligado al instante. Además, no es ni performativo ni intencional: posee un carácter más bien eruptivo.

Toda desviación respecto de esta topografía constituye, implícitamente, una confesión de incompetencia.

El sentimiento no es equivalente, no es idéntico a la emoción. Hablamos, por ejemplo, de la intuición lingüística, del toque de balón o de la compasión. No existen los términos «emoción-lingüística» o «con-emoción». Tampoco los términos «afecto-lingüístico» o «con-afecto». También el duelo es un sentimiento. Hablar del *afecto del duelo* o de la *emoción del duelo* suena extraño. Tanto el afecto como la emoción representan algo meramente subjetivo, mientras que el sentimiento indica algo objetivo.

1 B.C. Han, *Psicopolítica, op. cit.*, pp. 59-60.

El sentimiento permite una narración. Tiene una longitud y una anchura narrativa. Ni el afecto ni la emoción son *narrables*. La crisis del sentimiento que se observa en el teatro actual es también una crisis de narración. El teatro narrativo del sentimiento cede hoy ante el ruidoso *teatro del afecto*. A causa de esta ausencia de narración, el escenario se carga de una masa de afectos. Frente al sentimiento, el afecto no abre ningún *espacio*. Se busca una *pista* lineal para descargarse. También el medio digital es un medio del afecto. La comunicación digital facilita la *repentina* salida de afectos. Ya solo por su temporalidad, la comunicación digital transporta más afectos que sentimientos. Las *shitstorms* son corrientes de afecto. Son características de la comunicación digital.[2]

2 *Ibid.,* pp. 57-58. «Das Gefühl ist nicht identisch mit der Emotion. Wir sagen z.B. Sprachgefühl, Ballgefühl oder Mitgefühl. Sprach-Emotion oder Mit-Emotion gibt es nicht. Sprach-Affekt oder Mit-Affekt existieren ebenfalls nicht. Auch die Trauer ist ein Gefühl. Der Affekt der Trauer oder die Emotion der Trauer klingt befremdlich. Sowohl Affekt als auch Emotion stellen etwas bloß Subjektives dar, während das Gefühl etwas Objektives anzeigt. Das Gefühl lässt eine Erzählung zu. Es hat eine narrative Länge oder Breite. Weder Affekt noch Emotion sind *erzählbar.* Die Krise der Gefühle, die im heutigen Theater zu beobachten ist, ist auch eine Krise der Erzählung. Das narrative Theater der Gefühle weicht heute einem lärmenden *Affekt-Theater.* Aufgrund fehlender Erzählung wird eine Affektmasse auf die Bühne geladen. Im Gegensatz zum Gefühl eröffnet der Affekt keinen *Raum.* Er sucht sich eine lineare *Bahn,* um sich zu entladen. Auch das digitale Medium ist ein Affektmedium. Die digitale Kommunikation begünstigt eine *sofortige* Affektabfuhr. Schon aufgrund ihrer Zeitlichkeit transportiert die digitale Kommunikation mehr Affekte als Gefühle. Shitstorms sind Affektströme. Sie sind charakteristisch für die digitale Kommunikation» (B.C. Han, *Psychopolitik*, Frankfurt, Fischer, 2014, pp. 58-59).

Leer este pasaje en español constituye una experiencia alienante. Encontrar expresiones equivalentes en español que incluyan el término *Gefühl* (normalmente traducido como «sentimiento») en los tres ejemplos citados por Byung-Chul Han —*Sprachgefühl, Ballgefühl* y *Mitgefühl*— resulta prácticamente imposible. Desde una perspectiva filosófica, esta dificultad de traducción remite al vasto problema de la relación entre el lenguaje y la esfera afectiva: ¿es posible distinguir de manera rigurosa y definitiva entre fenómenos como emoción, afecto y sentimiento? ¿O existe entre estas experiencias una superposición sustancial que vuelve ilusoria toda distinción precisa? ¿O acaso es inevitable introducir distinciones de orden «regulativo» (en sentido kantiano), con plena conciencia de ejercer así cierta violencia sobre los propios fenómenos? ¿Hasta qué punto influye la determinación conceptual y verbal de estos fenómenos en nuestra experiencia de ellos? ¿Cada palabra abre una experiencia singular? ¿Hasta qué punto son traducibles estos términos? ¿Puede superponerse de manera estricta la distinción entre los términos alemanes *Affekt, Emotion, Gefühl* y *Stimmung* con los equivalentes ingleses *affect, emotion, feeling* y *mood* (o *atmosphere*)? ¿Qué revela el hecho de que el traductor al inglés utilice ambos términos —*mood* y *atmosphere*— para traducir *Stimmung?*[3]

3 «Atmosphere/mood is neither intentional nor performative. It is the element *where one happens to find oneself (etwas, worin man sich befindet)*» (*Psychopolitics*, Londres, Verso, 2017, p. 43).

Afortunadamente, no me corresponde aquí abordar estos problemas abismales —problemas que, en otro contexto, me llevaron a desarrollar una fenomenología polifónica—.[4] En este caso, me limito a centrarme en la cuestión de cómo debe criticarse una tesis contraria a la propia.

En relación con los problemas de traducción, resulta especialmente significativo observar que la crítica que Byung-Chul Han dirige a Eva Illouz parece basarse, en efecto, en un malentendido en torno al término *affect.* Presento a continuación la traducción literal del pasaje alemán de Byung-Chul Han, que incluye una cita del libro *Cold Intimacies* de Illouz:

En su libro *Intimidades congeladas. Las emociones en el capitalismo,* Eva Illouz no da ninguna respuesta a la pregunta de por qué los sentimientos experimentan una coyuntura semejante en los tiempos del capitalismo. Además, no establece ninguna distinción conceptual entre sentimientos y emociones. Y no tiene mucho sentido situar en las fases iniciales del capitalismo la pregunta por los sentimientos en los tiempos de capitalismo: «*La ética protestante* de Weber contiene, en su núcleo, una tesis sobre el papel de las emociones en la acción económica, dado que son los afectos de ansiedad los que provocan una divinidad inescrutable que subyace en la actividad vertiginosa del empresario capitalista» [Illouz]. El «afecto de ansiedad» *(Angstaffekt)* es un falso concepto. La

4 S. Micali, *Fenomenología de la ansiedad, op. cit.*

ansiedad es un sentimiento. Le es propia una temporalidad que no es compatible con el afecto. Es un
estado constante. Carece, por tanto, de la permanen-
cia que caracteriza al sentimiento. Precisamente, el
sentimiento constante lleva a una actividad empresarial incesante. Y el capitalismo que analiza Weber
es un capitalismo ascético de la acumulación, que
más bien sigue a la lógica racional que a la emocio-
nal. No tiene, por tanto, un acceso al capitalismo del
consumo, que capitaliza emociones.[5]

La crítica de Byung-Chul Han opera del siguiente
modo: primero establece una topografía rígida de fenómenos diferenciados —emociones, sentimientos, afec-

5 B.C. Han, *Psicopolítica, op. cit.*, p. 60 (traducción ligeramente
modificada). «In ihrem Buch *Gefühle in Zeiten des Kapitalismus* gibt
Eva Illouz überhaupt keine Antwort auf die Frage, warum Gefühle
gerade in Zeiten des Kapitalismus eine solche Konjunktur erleben.
Außerdem lässt sie Gefühle und Emotionen ohne jede begriffliche
Differenzierung nebeneinander stehen. Und es ist nicht sehr sinnvoll,
die Frage nach Gefühlen in Zeiten des Kapitalismus in den anfängli-
chen Phasen des Kapitalismus anzusetzen: „Webers *Die protestantische
Ethik und der Geist des Kapitalismus* enthält im Kern eine These über
die Rolle der Emotionen im ökonomischen Handeln, da es die durch
die Unergründlichkeit der Gottheit ausgelösten Angstaffekte sind, die
im Mittelpunkt rastloser unternehmerischer Tätigkeit stehen" [Illouz].
„Angstaffekt" ist ein falscher Begriff. Angst ist ein Gefühl. Ihr ent-
spricht eine Zeitlichkeit, die sich mit dem Affekt nicht verträgt. Er ist
kein konstanter Zustand. So fehlt ihm die Ständigkeit, die das Gefühl
auszeichnet. Gerade das konstante Gefühl der Angst führt zu einer
rastlosen unternehmerischen Tätigkeit. Und der Kapitalismus, den
Weber analysiert, ist ein asketischer Kapitalismus der Akkumulation, der
eher der rationalen als der emotionalen Logik folgt. So hat er keinen
Zugang zum Kapitalismus des Konsums, der Emotionen kapitalisiert»
(B.C. Han, *Psychopolitik, op. cit.*, p. 60).

tos, estados de ánimo (o el temple de ánimo o la tonalidad afectiva)— mediante distinciones estrictas (uno
podría preguntarse, por cierto, en qué lugar quedaría
el término *Gemüt)*, y luego se entrega a una suerte de
policía conceptual.

Esta actividad posee un alcance extraterritorial:
se aplica incluso a textos redactados en otras lenguas.
Como toda forma de policía, no está exenta de errores:
inevitablemente, algunos inocentes acaban condenados.

Byung-Chul Han acusa a Eva Illouz de haber cometido la «infracción» de emplear el término *Angstaffekt,* combinando dos conceptos que, a su juicio, resultan incompatibles: *Affekt* y *Angst,* siendo este último
un sentimiento. Poco importa que el texto de Illouz
haya sido redactado en otro idioma. Poco importa
también que la propia lengua alemana admita el uso de
la expresión *Angstaffekt,* al punto de que el traductor
al alemán haya recurrido a ella. Para mayor paradoja,
tampoco importa que el término *affect* ni siquiera fi-
gure en la versión original en inglés del texto de Illouz:

> To take a few glaring yet seemingly trivial examples,
> Weber's *Protestant ethic* contains at its core a thesis
> about the role of emotions in economic action, for
> it is the anxiety provoked by an inscrutable divinity
> which is at the heart of the capitalist entrepreneur's
> frantic activity.[6]

6   E. Illouz, *Cold Intimacies: The Making of Emotional Capitalism,*
Cambridge, Polity Press, 2007, p. 1 [trad. cast.: *Intimidades congeladas,*
Madrid, Katz, 2007].

Fue el propio traductor alemán quien introdujo el término *Angstaffekt,* el cual, según Han, carece por completo de legitimidad lingüística. Con no poca ironía, podría decirse que la expresión común *Angstaffekt* se convierte aquí en la prueba de un delito cometido por Eva Illouz a través de un intermediario: el traductor.

El privilegio del filósofo consiste, a veces, en atribuir al lenguaje ordinario un valor sacro, tomándolo como guía segura; y otras veces, en descalificarlo como un mero depósito de expresiones confusas del «se dice» *(man sagt).*

En resumen: para criticar a los demás, no conviene partir del otro (y mucho menos de su lengua). Por el contrario, conviene afirmar soberanamente el propio paradigma epistémico (incluido el propio monolingüismo) e identificar en el análisis ajeno las infracciones cometidas contra él. En esta labor policial, la fabricación involuntaria de pruebas falsas ni siquiera resulta especialmente escandalosa: pocos disponen del saber necesario para desenmascararlas, y casi nadie tiene el tiempo o la paciencia de verificar el original.

III. POR UNA NUEVA HERMENÉUTICA: UN EJEMPLO PARADIGMÁTICO DE UN USO LIBRE Y SOBERANO DE LAS FUENTES

El estatus de celebridad garantiza un estado de excepción en el que la «ley» —es decir, las reglas elementales de la investigación científica— queda suspendida. El reciente libro de Judith Butler, *¿Quién teme al género?*, constituye un ejemplo paradigmático de esta forma de soberanía ejercida por la figura de la celebridad. Resulta fascinante observar el desfase entre la publicación del libro —saludada por *The New York Times* como el acontecimiento editorial más esperado del año— y el tono de indignación que han adoptado muchas de las críticas que ha suscitado. Así lo resume Alex Byrne:

> En pocas palabras: *¿Quién teme al género?* no solo está mal argumentado. Butler también tergiversa de forma persistente a las personas y posturas que intenta criticar, y su descuido en el uso de citas no sería aceptable ni siquiera en un ensayo de grado. Y, por si este desastre no fuera suficiente, viene coronado con una dosis de plagio.[1]

No resultó tarea fácil, pero Umut Özkırımlı consiguió redactar una reseña aún más negativa de *¿Quién teme*

---

[1]   A. Byrne, «The Phantasmagoric World of Judith Butler», *Fairer Disputations*, 5 de abril de 2024.

al género? Cabe destacar, además, que para cuestionar a una celebridad como Judith Butler, Özkırımlı recurrió al apoyo crítico de otra celebridad, Martha Nussbaum:

«Cuando las nociones de Butler se exponen de manera clara y sucinta» —escribía Nussbaum hace ya un cuarto de siglo— «se ve que, sin muchas más distinciones y argumentos, no llegan muy lejos y no son especialmente novedosas. Así, la oscuridad llena el vacío dejado por la ausencia de una verdadera complejidad de pensamiento y argumentación». Vista en retrospectiva, lejos de constituir una «retórica del exceso», como se calificó en su momento, esta fue una interpretación generosa de los escritos de Butler, ofrecida por una colega filósofa que los respetaba lo suficiente como para dedicar el tiempo y el esfuerzo necesarios a una lectura atenta, citándolos con precisión para permitir que otros cuestionaran sus conclusiones —el mínimo indispensable del rigor académico—. Nada de esto se encuentra en el manifiesto a modo de llamado a las armas de 320 páginas que Butler acaba de publicar, el cual habría debido ser rechazado de plano por cualquier comité editorial digno de tal nombre, si no hubiera sido escrito por una celebridad académica con estatus icónico y una marca altamente demandada por la clientela nicho de la floreciente economía identitaria (el libro ocupaba el puesto n.º 1 en Estudios demográficos LGBTQ+, n.º 2 en Crítica y teoría literaria, y n.º 2 en Estudios de género general en Amazon al momento de escribir estas líneas).

Y probablemente fue ese prestigio de marca lo que llevó a Farrar, Straus and Giroux —una de las llamadas *Big Five* que dominan la industria editorial— a mirar hacia otro lado ante los errores, distorsiones y omisiones flagrantes del texto, documentados incansablemente por numerosos críticos perspicaces desde el día mismo de su publicación.[2]

En el ámbito académico, la *vis polemica* suele sustentarse en una distorsión de la perspectiva del otro. Para poner de relieve las debilidades de la tesis contraria, se tiende a exagerar sus deficiencias, ya sea simplificándola o directamente caricaturizándola. En el calor del debate, todo el mal que se desea denunciar se proyecta sin distinción sobre el adversario. Sin embargo, hay casos en los que ciertas celebridades académicas incurren en malentendidos flagrantes respecto de los textos en los que se supone que se apoyan sus teorías.

En esta sección abordaré ese tipo de malentendidos a partir de la filósofa mencionada en el pasaje anterior: Martha Nussbaum.

A mi juicio, la equivocación no debe ser considerada en sí misma en términos negativos, como una debilidad, sino que ha de ser entendida más bien como una forma de autonomía intelectual, como una actitud soberana frente al texto. A modo de estudio de caso, me referiré a un libro publicado por Nussbaum en 2018 que obtuvo un notable éxito: *La monarquía del miedo*.

2   U. Özkırımlı, «The "Shameless Disrespect" of Judith Butler», *The Critic*, 13 de mayo de 2024.

Martha Nussbaum pertenece, sin lugar a dudas, al distinguido círculo de las filósofas y los filósofos contemporáneos más reconocidos. Al momento de redactar estas líneas, ha recibido títulos honoríficos de más de sesenta universidades distribuidas en todos los continentes (excepto Australia), entre ellas Harvard y la École Normale Supérieure. En los últimos quince años ha sido galardonada con los premios más prestigiosos: el Premio Kioto, el Princesa de Asturias, el Holberg, el Berggruen y el Balzan. Sus escritos resuenan con fuerza en distintas disciplinas: desde la ciencia política hasta la sociología, desde la filosofía hasta la teología.

Para apreciar plenamente el gesto soberano de Nussbaum, me parece oportuno proceder del siguiente modo: en relación con los distintos aspectos de su obra, abordaré las objeciones de un filósofo llamado A.R., atento hermeneuta, todavía —de manera anacrónica— ligado a un minucioso examen filológico de los textos.

Pero ¿quién es A.R.? ¿Cuál es su actitud de fondo ante los textos? Para esclarecer este punto, la opción más sensata me parece ser la de remitirme a un texto que A.R. podría haber escrito y que reproduzco en su integridad a continuación.

2. «VESTIRSE CON LA TOGA» DE A.R.

En el contexto del pensamiento contemporáneo, no se puede ignorar una cierta sumisión a la hegemonía cultural estadounidense en el ámbito académico. En lo que respecta a las ciencias humanas, dicha hegemonía produce —precisamente por su carácter altamente invasivo— efectos difícilmente delimitables, tanto en la regulación de la enseñanza como en el ámbito de la investigación. Basta pensar, por ejemplo, en la importación, por parte de muchos organismos nacionales de investigación, de criterios estadounidenses para evaluar la excelencia científica en los proyectos, con la escandalosa prioridad de hecho otorgada a los artículos en revistas científicas *(papers)* frente a las monografías.

También el culto a la celebridad académica se ve profundamente influido por esta hegemonía cultural. No es, desde luego, mi intención en este lugar indagar en la genealogía general de dicho culto —cuyas raíces son profundas.[1]

Mi pregunta, aquí, es más bien sencilla y va en dirección contraria: ¿cómo puede resistirse al culto a la celebridad académica? Para evitar un juicio sesgado e

---

1   Un estudio de esta índole debería, sin duda, enfrentarse a la inmensa cuestión del papel del intelectual en el siglo xx, así como al significado que ciertos países —eminentemente Francia— han tenido en la configuración de su figura pública.

irreflexivo, decidí adoptar una estrategia —llamarla método sería francamente exagerado— para leer los libros de los autores actualmente consagrados. Esta estrategia, orientada a fortalecer el pensamiento crítico, surgió de manera fortuita: un colega mío, reconocido como autoridad en su campo de investigación, me comentó que uno de sus estudiantes había plagiado a un pensador particularmente distinguido en la actualidad. Lo curioso era que el trabajo del estudiante apenas aprobó. Mi colega compartió esta anécdota con sentimientos encontrados: por un lado, le divertía la situación; por otro, se mostraba visiblemente sorprendido por la calidad del texto plagiado (resulta difícil no imaginar la confusión y el asombro del estudiante al recibir la calificación. Me lo imagino arremangándose y diciéndose a sí mismo: «No debo desanimarme, tengo que trabajar más duro, o elegir un mejor texto para plagiar. Incluso el plagio exige habilidades que deben cultivarse…»).

De esta historia extraje una máxima general: leer los textos de los autores celebrados de hoy como si hubieran sido escritos por tus propios estudiantes. Adopto así una forma de «como si», que introduce una especie de «velo de Maya». Siempre he leído los textos ajenos siguiendo la recomendación hermenéutica —expresada de manera particularmente afortunada por Gadamer— según la cual es imperativo adoptar una cierta actitud hacia el texto: una actitud de generosidad. Inicialmente, hay que conceder al autor el beneficio de la duda y solo luego avanzar críticas equilibradas. Este principio de caridad hermenéutica se aplica sobre todo a los propios estudiantes. Aun así, hay que ser justo y evaluar con rigor la calidad de los trabajos. Permítanme formular, a este respecto, dos aclaraciones metodológicas.

1. Evaluar textos se basa necesariamente en ciertos criterios. Un análisis exhaustivo de estos criterios merecería una monografía independiente. Aquí me limito a destacar algunos aspectos que, sin duda, deben considerarse al juzgar el valor de un ensayo. Estas consideraciones se aplican no solo a textos filosóficos, sino a las «humanidades» en general:

a. *Conciencia genealógica:* Un texto es siempre una respuesta a una serie de problemas desarrollados en el seno de una cierta tradición. ¿Es consciente el autor de la genealogía del tema? ¿Sabe reconstruir los diálogos implícitos que el texto sostiene con tratamientos anteriores? ¿Es capaz de distanciarse críticamente de los conceptos que emplea y explicitar su sedimentación histórica?

b. *Precisión hermenéutica:* En el enfrentamiento crítico con un determinado pensador, ¿puede el autor resumir de forma precisa y equilibrada los puntos esenciales de su interlocutor? ¿Logra hacer justicia a la complejidad de la perspectiva tratada?

c. *Espíritu crítico:* ¿Puede el autor identificar los puntos débiles, los supuestos tácitos y las contradicciones de la posición examinada? Para cumplir esta tarea es necesario estar familiarizado con perspectivas diferentes de la del pensador estudiado. Solo así se pueden calibrar bien las objeciones, evitando una actitud reactiva basada en críticas puramente internas. La familiaridad con diversos paradigmas epistémicos constituye la condición misma de posibilidad de una posición excéntrica respecto al texto.

d. *Selección de ejemplos:* ¿Es capaz el autor de identificar los ejemplos pertinentes sobre los cuales dar forma a su pensamiento? (Hay autores contemporáneos que son verdaderos maestros en este arte del ejemplo, como Peter Brown, Aleida Assmann y Carlo Severi).

e. *Arquitectónica:* ¿Cómo se define el horizonte problemático en el que los fenómenos discutidos reciben su sentido? Dicho en términos más rigurosos (principalmente inspirados en Kant): ¿cómo problematiza el autor la relación entre las diversas cuestiones investigadas, es decir, cómo articula su arquitectónica entendida como el arte de los sistemas?[2]

2 «Por arquitectónica entiendo el arte de los sistemas. Ya que la unidad sistemática es lo que convierte el conocimiento común en ciencia, es decir, lo que transforma un simple agregado de conocimientos en un sistema, la arquitectónica es la doctrina de lo que en nuestro conocimiento es científico y pertenece, por tanto, esencialmente a la metodología. Bajo el gobierno de la razón, nuestros conocimientos de ninguna manera pueden constituir una rapsodia, sino que deben constituir un sistema, en el cual solo pueden favorecer sus fines esenciales. Por sistema entiendo, sin embargo, la unidad de los múltiples conocimientos bajo una idea» (I. Kant, *Crítica de la razón pura*, Madrid, Taurus, 2016, p. 647).

f. *Originalidad:* ¿Es capaz el autor de desarrollar más a fondo las tesis estudiadas de forma que arroje nueva luz sobre la cosa misma? ¿Abandona la guía de los otros para aventurarse por cuenta propia por los caminos del pensamiento, viendo y revelando nuevos horizontes? Un autor original describe los fenómenos con una perspectiva renovada, rearticulando relaciones entre elementos tradicionalmente considerados incompatibles (por ejemplo, la idea de «intuición eidética» en Husserl) o perturbando las genealogías (más o menos) secretas de nuestra comprensión de las cosas (autores tan diversos como Warburg y Benveniste han sido maestros en esto). ¿Nos sorprende el autor con yuxtaposiciones inesperadas que revelan un aire de familia (piénsese en Eric Auerbach)? La originalidad significa desviarse y reconfigurar el discurso mediante una metodología compleja y afinada a la cosa misma.

g. *Elegancia del estilo:* Persiste aún una tendencia dominante a no reconocer debidamente el valor estético de las obras clasificadas bajo la tosca etiqueta de «ensayo». Como en matemáticas, la calidad de la argumentación depende de la elegancia del estilo. No debe vacilarse en afirmar la siguiente tesis: el valor estético de ciertos pasajes de Aby Warburg, Arnaldo Momigliano, Sigmund Freud o Hannah Arendt no es inferior al de Rilke o Borges. Incluso, a veces se tiene la impresión de que una frase de Arnaldo Momi-

gliano o de Warburg podría haber sido escrita
por el propio Borges.[3]

2. Para juzgar un texto seriamente, hay que hacerlo
«vistiendo la toga». ¿Qué significa esta expresión?
Me refiero aquí a una frase de Kantorowicz pronunciada para justificar su negativa a prestar el
juramento impuesto a los académicos estadounidenses de abstenerse de pertenecer a cualquier
organización subversiva (es decir, de no apoyar el
comunismo). Kantorowicz, que era visceralmente

---

3   Dos ejemplos confirman esta tesis. El inicio del primer capítulo de *La profecía pagano-antigua en palabras e imágenes en la época de
Lutero* de Warburg dice: «La obra de referencia sobre "La servidumbre
del hombre moderno supersticioso" aún está por escribirse. Debería
ir precedida por un estudio —también aún no escrito— sobre "El
renacimiento del mundo espiritual de la Antigüedad en la época de
la Reforma alemana". Una conferencia pronunciada por el autor ante
la *Religionswissenschaftliche Vereinigung* en Berlín, titulada "La profecía pagano-antigua en la época de Lutero en palabras e imágenes",
fue concebida como una contribución sumamente provisional a esta
cuestión» (A. Warburg, *Die Erneuerung der heidnischen Antike: Kulturwissenschaftliche Beiträge zur Geschichte der europäischen Renaissance*, Leipzig/
Berlín, B.G. Teubner, 1932, p. 490).
    En su texto *Informe provisional sobre los orígenes de Roma*, Momi-
gliano escribe: «En estas circunstancias, cualquier intento de sacar conclusiones resulta claramente prematuro. Pero Gjerstad, Alföldi y Bloch
ya han presentado sus teorías de forma esquemática, con el propósito
—explícito o implícito— de que se discutan antes de recibir su forma
definitiva. El presente artículo, que recoge dos de las tres conferencias
J. H. Gray pronunciadas en la Universidad de Cambridge en marzo
de 1963, pretende ser una contribución a este debate preliminar. Mis
objeciones se ofrecen con la esperanza de que, en última instancia,
puedan ser superadas» (A. Momigliano, «An Interim Report on the
Origins of Rome», *Journal of Roman Studies* 53[1-2], 1963, p. 95).

anticomunista, se negó a firmar porque, por experiencia personal trágica, sabía que los juramentos «tienen vida propia»: aunque parezcan inofensivos, pueden dar lugar a dinámicas que no podemos prever.[4] Según el autor de *Los dos cuerpos del rey*, la conciencia del estudioso es la autoridad suprema, y solo por ello se tiene derecho a vestir la toga.

> Hay tres profesiones que tienen derecho a vestir la toga: el juez, el sacerdote y el erudito. Esta vestimenta representa la madurez mental de quien la porta, su independencia de juicio y su responsabilidad directa ante su conciencia y ante su Dios.[5]

Esta afirmación subraya el estatuto del estudioso. La toga es expresión de una distinción particular: se justifica por la responsabilidad de sostener —y soportar— la soledad soberana (y a menudo doliente) de su propio juicio, un juicio que nace de una relación transparente y exigente consigo mismo.

---

4 «Tanto la historia como la experiencia nos han enseñado que todo juramento o fórmula de juramento, una vez introducido o impuesto, tiende a desarrollar una vida autónoma propia» (E.H. Kantorowicz, *The Fundamental Issue*, 8 de octubre de 1950). No debe pasarse por alto que Kantorowicz se unió al *Freikorps* («Cuerpos Francos») en 1917 y participó activamente en la sangrienta represión del levantamiento espartaquista *(Spartakusaufstand)* en 1919.

5 E.H. Kantorowicz, *The Fundamental Issue, op. cit.*

3. UN CONTRASTE CRÍTICO ENTRE
LA VIEJA Y LA NUEVA HERMENÉUTICA

Una vez aclarada la actitud hermenéutica de A.R. en términos generales, me parece oportuno también recoger su valoración de fondo respecto del texto de Nussbaum, *La monarquía del miedo*. Este juicio ayudará al lector a comprender mejor el sentido de sus observaciones críticas (para evitar equívocos, a partir de ahora, las intervenciones de A.R. se reproducirán siempre en cursiva):

Si tuviera que reunir mis impresiones sobre La monarquía del miedo *y expresarlas luego de manera transparente en sentido kierkegaardiano, es decir, en relación conmigo mismo ante mí mismo, ante el Poder que me ha puesto,[1] y si decidiera ha-*

---

[1] «El hombre es una síntesis de infinitud y finitud, de lo temporal y lo eterno, de libertad y necesidad, en una palabra: es una síntesis. Y una síntesis es la relación entre dos términos. El hombre, considerado de esta manera, no es todavía un yo. En una relación entre dos términos, la relación es lo tercero como unidad negativa y los dos se relacionan con la relación y en relación con la misma; de este modo, y en lo que atañe a la definición «alma», la relación entre el alma y el cuerpo es una simple relación. Por el contrario, si la relación se relaciona consigo misma, entonces esta relación es lo tercero positivo, y esto es cabalmente el yo. Una tal relación que se relaciona consigo misma —es decir, un yo— tiene que haberse puesto a sí misma, o haber sido puesta por otro. Si la relación, que se relaciona consigo misma, ha sido puesta por otro, entonces seguramente que la relación es lo tercero; pero esta relación, esto tercero, es por su parte una relación que a pesar de todo se relaciona con lo que ha puesto la relación entera. Una relación así deri-

cer públicas esas impresiones y, por tanto, precisamente por una cuestión de transparencia, tuviera que contravenir la máxima a la que la mayoría de las veces (y afortunadamente no siempre) me atengo —esto es, consentir mi propia reticencia a formular críticas directas a autores célebres que considero filosóficamente poco convincentes—, y ello no tanto por una cuestión de etiqueta académica cuanto por innumerables otros motivos, el primero de los cuales es que toda crítica implica la voluntad de entablar un diálogo (¿y por qué habría de abrir un diálogo con aquello que no considero válido? ¿Por qué habría de emplear mi tiempo en escribir sobre análisis poco profundos? ¿No es acaso irrazonable invertir energías en lo que carece de valor?), y si a esto se añade la consideración de que mi escrito podría parecer motivado por un espíritu de polémica inútil, incluso de orden reactivo (en sentido nietzscheano), o, peor aún, podría dar la impresión de estar dictado por el oportunismo (buscar visibilidad a través de la visibilidad del otro); si, por tanto, decidiera hacer una excepción a esta regla y, en consecuencia, sintetizar mi juicio sobre este libro, no es improbable que utilice una fórmula poco compatible con el estilo prolijo que he seguido hasta aquí: el libro de Nussbaum logra combinar, de manera casi hipnótica, la trivialidad y la autosuficiencia con un grado desconcertante de imprecisión hermenéutica.

---

vada y puesta es el yo del hombre; una relación que se relaciona consigo misma y que en tanto se relaciona consigo misma, está relacionándose a un otro. A esto se debe el que puedan darse dos formas de desesperación propiamente tal. […] Porque, cabalmente, la fórmula que describe la situación del yo una vez que ha quedado exterminada por completo la desesperación es la siguiente: que al autorrelacionarse y querer ser sí mismo, el yo se apoye de manera transparente en el Poder que lo ha puesto» (S. Kierkegaard, *La enfermedad mortal,* Barcelona, RBA, 2019, pp. 35-37, traducción modificada).

Si sus intervenciones, que se reproducen a continuación, fueran reunidas en una reseña destinada a una revista científica, A.R. probablemente le daría un título que aludiría a una frase ya demasiado conocida de Dostoievski: *Un ejemplo menor de resistencia a las celebridades. No solo la belleza, también la filología y la hermenéutica salvarán el mundo (de la filosofía).*

A lo largo del análisis del libro de Nussbaum, pondré de relieve la inconsistencia de las críticas de A.R., ligadas a una atención anacrónica a las fuentes y a una concepción de la complejidad que debe ser superada. Hoy resulta imperativo practicar una desacralización del texto: en él se debe encontrar ante todo a uno mismo y las propias teorías.

Me centraré ahora en los distintos aspectos de la obra de Nussbaum, quien ha practicado de manera magistral tanto la desacralización del texto como la superación de la complejidad en favor de una argumentación clara y cristalina. Esta claridad posee además una fuerte valencia democrática: su sencillez hace que su filosofía sea accesible para todos.

Soberana indiferencia hacia la precisión hermenéutica

Un análisis atento de *La monarquía del miedo* revela que Martha Nussbaum ha comprendido perfectamente que, en la filosofía contemporánea, ya no existe ningún problema en atribuir a otros autores afirmaciones que no les pertenecen: proyectar en el otro las propias teorías es un acto plenamente legítimo (a). En realidad, se puede ir incluso más allá: para convalidar la propia tesis, es posible remitirse a textos que sostienen posiciones exactamente opuestas a la que se pretende defender (b). En la presente sección expongo algunos ejemplos de estas dos prácticas, que ponen de manifiesto una libertad soberana en la relación con las fuentes.

a) Como ejemplo de la primera tendencia, conviene mencionar la explícita referencia de Nussbaum al último capítulo de *La familia y el desarrollo del individuo* de Donald Winnicott:

> [Winnicott] relacionó en repetidas ocasiones la democracia con la salud psíquica: para vivir con otras personas conforme a unos términos de interdependencia mutua e igualdad, los seres humanos tenemos que trascender el narcisismo en el que iniciamos nuestra vida. Tenemos que renunciar al deseo de esclavizar a otros y sustituirlo por la preocupación por esas otras personas, por la buena voluntad y por la aceptación de unos límites a la agresividad infantil.[2]

Precisamente en este punto añade la nota número 32 de la edición española de *La Monarquía del miedo*: «Véase en especial "Algunas reflexiones sobre el significado de la palabra democracia", en *La familia y el desarrollo del individuo*».[3] ¿De qué trata específicamente

---

2 M. Nussbaum, *La monarquía del miedo,* Barcelona, Paidós, 2019, p. 86 (traducción modificada).

3 *Ibid,* p. 286.

«Algunas reflexiones sobre el significado de la palabra democracia».[4] En este texto, Winnicott intenta identificar los factores que pueden favorecer el desarrollo de una sociedad democrática, al tiempo que destaca aquellos elementos perjudiciales que pueden sofocarlo. En consonancia con la perspectiva de Roger Money-Kyrle, Winnicott define la democracia como una sociedad bien adaptada a sus miembros sanos. Los conceptos de madurez individual y democracia aparecen como estrechamente interdependientes. Una sociedad democrática solo es posible si un número suficiente de individuos maduros participa activamente y es capaz de influir en aquella parte significativa de la población susceptible de dejarse arrastrar por tendencias antisociales (a quienes denomina «indeterminados»). El voto secreto representa, para Winnicott, la expresión esencial de la «maquinaria» democrática: en el acto de votar, el individuo —confrontado con la soledad— interioriza y reedita el conflicto entre los distintos partidos políticos, a fin de tomar una decisión madura e informada. Winnicott analiza diversos aspectos de la sociedad democrática: desde los elementos que favorecen la formación del individuo maduro hasta los diferentes sistemas electorales, destacando constantemente el atractivo que pueden ejercer las tendencias antisociales sobre el sujeto.

Aunque Winnicott ofrece una pluralidad de perspectivas sobre las amenazas a la democracia, no utiliza

4   D. Winnicott, *La familia y el desarrollo del individuo,* Buenos Aires, Hormé, 1984.

en ningún momento la palabra «narcisismo», ni hace referencia indirecta a fenómenos narcisistas. Tampoco alude al deseo de esclavizar al prójimo en este texto.

b) Respecto a la segunda tendencia, cedo la palabra a A.R.:

No pocas veces, para respaldar su posición, Nussbaum cita obras que contradicen abiertamente la tesis que ella misma sostiene. Un ejemplo paradigmático de este juego de espejos rotos se encuentra ya en el inicio del primer capítulo de su libro. Este pasaje inicial no solo pone de manifiesto la tendencia sensacionalista de Nussbaum, sino también las deficiencias de sus referencias bibliográficas.

La vida del lactante es presentada como un verdadero infierno: una experiencia de dolor ininterrumpido. El infante se ve asfixiado por necesidades que no conceden tregua alguna, lo que lo arrastra a un sufrimiento mudo de soledad, pasividad e impotencia. Se describe una oscilación entre el miedo hacia el otro y hacia la propia impotencia.

Está usted acostado boca arriba y a oscuras. Mojado. Frío. Tiene un hambre y una sed atroces que se adueñan de todo su ser: es puro dolor. Quiere gritar y, sí, consigue emitir cierto sonido, pero no sucede nada. Intenta (o comienza a intentar) moverse, ir a alguna parte, a cualquier parte, con tal de alejarse de ese sufrimiento, pero sus extremidades no responden como a usted le gustaría; solo logra agitarlas inútilmente en el aire. Puede ver, oír, sentir. Pero no puede moverse ni actuar. Sencillamente, su desvalimiento es total. He aquí el material característico de una pesadilla. En nuestras pesadillas, la mayoría de nosotros soñamos que estamos indefensos, que tratamos de huir corriendo de algún peligro terrible que nos acecha y que nuestras piernas están paralizadas, o que intentamos gritar pero sin proferir sonido alguno, o sin que nadie llegue a oírlo. En esos malos sueños, nos invade un miedo terrible a las malas personas o a los monstruos que nos persiguen, pero lo que nos infunde un pavor aún mayor (o incluso odio) es nuestro propio desamparo. Sin embargo, esta historia de horror es también la vida cotidiana, nada extraordinaria, de todo bebé humano.[5]

Tras citar el célebre pasaje del De rerum natura *de Lucrecio —en el que se afirma que los seres humanos, a diferencia de los animales, nacen completamente desprovistos de recursos para afrontar los desafíos del mundo—, Nussbaum prosigue con su exposición:*

Nosotros no nacemos preparados para afrontar el mundo. (Y en cierto sentido crucial, jamás llegamos a estarlo realmente.) Blandos y vulnerables hasta el extremo, nos quedamos ahí indefensos, esperando a que otros nos procuren lo que necesitamos: alimento, acomodo y consuelo. Tras las reconfortantes ondulaciones de la vida en el seno materno, donde la nutrición es automática y las excreciones no son un problema, acaece de pronto esa violenta separación, esa bofetada de aire frío y esa dolorosa y solitaria im-

5 M. Nussbaum, *La monarquía del miedo, op. cit.*, p. 41 (traducción modificada)

potencia. El desfase entre el lentísimo desarrollo físico del bebé humano y su rápido desarrollo cognitivo es, en muchos sentidos, una pesadilla. Percibe lo que necesita, pero no puede moverse para conseguirlo. Siente dolor, pero no puede eliminarlo. Las pesadillas de momentos posteriores de la vida sin duda evocan ese tormento temprano. Varios estudios neurológicos sobre el miedo han llegado a la conclusión de que las cicatrices que dejan esos estímulos de temor a tan corta edad permanecen y se resisten al cambio.[6]

Para confirmar la validez de su análisis sobre la vida de pesadilla del lactante («esta historia de horror»), Nussbaum remite en este punto a los escritos de Daniel Stern en una nota al pie, que considero oportuno citar:

El psicólogo Daniel Stern construyó una brillante recreación de esa situación —basándose en detalle en lo que sabemos ahora gracias a los estudios sobre el tema— en su libro *Diary of a Baby,* Nueva York, Basic Books, 1990. También hay publicada una versión más prosaica en otro libro suyo: *The Interpersonal World of the Infant,* Nueva York, Basic Books, 1985.[7]

Cualquiera que haya leído los escritos de Daniel Stern sabe que nada podría estar más alejado de su enfoque sofisticado que una representación tan oscura y caricaturesca de la infancia. Nussbaum describe la infancia como una situación per-

6   *Ibid.,* pp. 42-43.
7   *Ibid,* pp. 281-282.

manente de dolor y aislamiento («impotencia solitaria»). En
los escritos de Stern —profundos, refinados y equilibrados—
no hay rastro alguno de una visión tan unilateral de los pri-
meros años de vida. En primer lugar, resulta inexplicable des-
preciar El mundo interpersonal del infante *calificándolo*
como «una versión más prosaica», al tiempo que se exalta el
brillo de su obra divulgativa posterior. No cabe duda de que El
mundo interpersonal del infante *constituye el* opus mag-
num *de Stern, ya que ofrece el marco teórico al que el segundo*
libro remite sistemáticamente y sin el cual resulta ininteligi-
ble. Según Stern, la infancia es un período caracterizado por
la creación de un mundo interpersonal. Apelar a Stern para
sostener una idea de vida infantil solitaria y aislada produce
una impresión que oscila entre la incredulidad y lo grotesco. Es
como remitirse a los escritos de Rousseau para comprender el
concepto de estado de naturaleza en Hobbes.

Stern estudia las distintas etapas en las que se desarrolla
el sentido de «sí mismo», como un esquema estable para es-
tructurar la experiencia subjetiva:

> un patrón invariante de conciencias que solo surge
> con ocasión de las acciones o procesos mentales del
> lactante. Un patrón invariante de conciencias es una
> forma de organización.[8]

Stern identifica diferentes sentidos del sí mismo: 1) el emer-
gente, caracterizado por la percepción amodal y la afectividad,
2) el nuclear, 3) el subjetivo, y 4) el sentido verbal.

8   D. Stern, *El mundo interpersonal del infante*, Buenos Aires, Paidós,
1991, p. 21.

La noción de sí mismo nuclear se refiere al estadio del desarrollo comprendido entre los dos y los seis meses de edad. Stern considera que esta fase del desarrollo es «tal vez el periodo de la vida más exclusivamente social»[9]: el lactante manifiesta por primera vez una sonrisa social, produce vocalizaciones para entrar en contacto con los demás, busca activamente el contacto visual y muestra una clara preferencia por los rostros humanos. El sí mismo nuclear se caracteriza por la formación de cuatro «islas de coherencia»: el desarrollo de a) la conciencia de la integridad y cohesión corporal, b) la conciencia de ser el autor (y principio) de las propias acciones, c) el estar dotado de afectos, y d) la conciencia de una continuidad temporal. Las perturbaciones psicológicas en la vida adulta pueden estar vinculadas al desarrollo inadecuado de estos aspectos del sentido del sí mismo.

El desarrollo normal en la infancia, por el contrario, se constituye a través de formas apropiadas de sintonía afectiva con los padres, del gozo por explorar nuevos mundos, de adquirir nuevas capacidades y de oscilar entre la satisfacción y el displacer. La vida del lactante está ciertamente llena de desafíos, pero es también una aventura maravillosa. Daniel Stern subraya constantemente el carácter exploratorio del infante. Su vida está lejos de ser solitaria o aislada: el niño está inmerso en un entorno casi mágico, donde los distintos sentidos se comunican de manera inmediata a través de lo que Stern denomina percepción amodal. El niño está inherentemente orientado hacia la comunicación con los otros, sincronizando sus expresiones con las de quienes lo rodean. El desarrollo de las islas de coherencia requiere una interacción sana con los otros, quienes

9 Ibid.

se esfuerzan —con ternura y persistencia— por comunicarse con el niño de la manera más adecuada. Los comportamientos sociales (como la emisión de sonidos, las miradas, las expresiones faciales) tienden a ser exagerados y estereotipados.[10] *El lactante suscita en los adultos actitudes de dulzura, entusiasmo y expresividad —como el uso de voces agudas—que resultan óptimas para la comunicación.*[11]

Al mismo tiempo, no debe subestimarse la capacidad de agencia (agency) *del niño: puede desviar la mirada para evitar una interacción, o fijarla para invitar a la comunicación. No hay en el infante una impotencia absoluta; más bien, posee la capacidad de regular los afectos mediante intervenciones dirigidas en la interacción social, las cuales constituyen el núcleo de su vida afectiva.*[12] *Esta interacción fecunda y extraordinaria entre el lactante y el progenitor es profundizada más adelante por Stern mediante el estudio las categorías de*

10   Las palabras se repiten muchas veces con ligeras variaciones, siguiendo un determinado ritmo y una entonación particular (caracterizada por frecuencias vocales elevadas), con el objetivo de facilitar la mejor recepción posible por parte del niño: «Oye, cariño… Sí, cariño… Hola, cariño… ¿Qué haces, cariño?… Sí, ¿qué haces?… ¿Qué estás haciendo?… ¿Qué estás haciendo ahí?… ¿No estás haciendo nada?» (*Ibid.*, p. 98).

11   «En última instancia, son estas mismas conductas del cuidador las que constituyen los estímulos a partir de los cuales el infante debe extraer las múltiples invariantes que especifican a un otro. La correspondencia entre las variaciones conductuales del cuidador y las predisposiciones del infante le brinda la oportunidad óptima para percibir aquellas invariantes comportamentales que permiten identificar al yo o al otro» (*Ibid.*, pp. 98-99). La variación temática permite al infante mantener el interés, a la vez que comunica y transmite los elementos invariantes de la interacción interpersonal: palabras, conductas, expresiones faciales, etc. (*Ibid.*, p. 99).

12   *Ibid.*, p. 75.

RIG *(representaciones de interacciones generalizadas) y del compañero evocado.*

La imprecisión hermenéutica de Nussbaum alcanza aquí un nivel numinoso que no deja de fascinar al lector: Nussbaum emplea el concepto freudiano de «narcisismo primario» —«en el que todos estamos inmersos desde el nacimiento»— sin advertir que los autores a los que remite, como Winnicott y el propio Stern, han cuestionado radicalmente dicho concepto, poniendo de relieve su carácter solipsista y repensando el papel de la intersubjetividad en un sentido sustancialmente distinto.

El análisis filológico de A.R., que en su reconstrucción minuciosa exige un esfuerzo de atención francamente excesivo, pone de manifiesto su incapacidad para comprender esa nueva sensibilidad hermenéutica que se ha reforzado en los últimos años en el seno de la filosofía: el diálogo con la tradición solo es útil en la medida en que refuerza la validez de las propias posiciones.

La simplicidad de la arquitectónica

Vinculado a una idea anacrónica de la complejidad, A.R. sin duda malinterpretaría también la arquitectónica del libro.

El marco teórico de La monarquía del miedo *ni siquiera alcanza el nivel de los lugares comunes filosóficos. En efecto, en el pensamiento contemporáneo es un lugar común distinguir entre el miedo —entendido como respuesta a un peligro identificable y motivado por el contexto— y la ansiedad, que aparece sin causa y carece de objeto.*[13] *Esta diferenciación entre miedo y ansiedad no solo sustenta las contribuciones influyentes de Sartre, Heidegger y Kierkegaard (autores que Nussbaum pasa completamente por alto), sino que también ha sido abordada por pensadores que pertenecen a la misma tradición intelectual de la autora.*[14] *Esta distinción cumple una función fundamental en disciplinas como el psicoanálisis*

13   En el libro *Fenomenología de la ansiedad*, se ha cuestionado la tesis según la cual la ansiedad se caracterizaría por la ausencia de intencionalidad. La ansiedad debe entenderse a la luz de una relación compleja entre anticipación e imaginación. El análisis de la imaginación se basa en la distinción husserliana entre fantasía clara y fantasía oscura. La ausencia de objeto en la ansiedad depende del papel que desempeña la fantasía oscura —la cual se sustrae al régimen intencional— dentro de este afecto. Por esta razón, el primer rasgo esencial de la ansiedad se define como anticipación imaginativa cuasi-intencional. Los otros cuatro rasgos esenciales de la ansiedad son: su inspiración negativa, recurrencia de sus manifestaciones corporales, interlocución con un poder ajeno y su teología negativa (S. Micali, *Fenomenología de la ansiedad, op. cit.*, pp. 301-320).

14   Tomemos como ejemplo la investigación llevada a cabo por Aaron Ben-Ze'ev en *The Subtlety of Emotions*, descrita por Nussbaum como un «libro excelente y de gran alcance» (Nussbaum, *Upheavals of Thought: The Intelligence of Emotions*, Cambridge, Cambridge University Press, 2001, p. 23): «Debe distinguirse el miedo de la ansiedad y la angustia. El miedo es una emoción con un objeto específico; la ansiedad es un trastorno afectivo que se refiere a una preocupación más general que el miedo. La angustia ocupa una posición intermedia entre el miedo y la ansiedad. A diferencia de la ansiedad, cuyo objeto no siempre es claro, el objeto de la angustia es el yo. En comparación con el miedo, la angustia se refiere a problemas más fundamentales relacionados con nuestra propia existencia; la naturaleza del yo y su futuro son las principales preocupaciones en la angustia. Por su carácter general, la angustia puede no considerarse una emoción típica; sin embargo, está más próxima a una emoción típica que la ansiedad» (A. Ben-Ze'ev, *The Subtlety of Emotions*, Cambridge, MIT Press, 2000, p. 484).

y las ciencias cognitivas, a las que Nussbaum se remite de manera sistemática.[15]

Metodológicamente, es imposible abordar el problema del miedo sin cartografiar sus variantes y fenómenos afines como la

15   La distinción entre la ansiedad (dirigida hacia la nada) y el miedo ya fue profundizada por Freud en varias de sus obras. En *Más allá del principio del placer* (1920), Freud escribe al respecto: «en la neurosis traumática común se destacan dos rasgos que podrían tomarse como punto de partida de la reflexión: en primer lugar, que el centro de gravedad de la causación parece situarse en el factor de la sorpresa, en el terror *(Schreck)*; y en segundo lugar, que una lesión sufrida o herida contrarresta en la mayoría de los casos la producción de la neurosis. Terror *(Schreck)*, miedo *(Furcht)* y ansiedad *(Angst)* se usan equivocadamente como expresiones sinónimas; se las puede distinguir muy bien en su relación con el peligro. La ansiedad designa un estado particular de expectativa del peligro y de preparación frente a él, aunque se trate de un peligro desconocido; el miedo requiere un objeto determinado, en presencia del cual uno lo siente; el terror es el estado en que se cae cuando se corre un peligro sin estar preparado: destaca el factor de la sorpresa. No creo que la ansiedad pueda producir una neurosis traumática; en la ansiedad hay algo que protege contra el terror y por tanto también contra la neurosis de terror» (S. Freud, *Jenseits des Lustprinzips*, Viena, Internationaler Psychoanalytischer Verlag, 1920, pp. 12-13, [trad. cast.: *Más allá del principio de placer*, Madrid, Akal, 2020]). Cf. también S. Freud, *Hemmung, Symptom und Angst*, Viena, Internationaler Psychoanalytischer Verlag, 1926 [trad. cast.: *Inhibición, síntoma y angustia*, Madrid, Alianza, 2017]. En cuanto a las ciencias cognitivas, consúltese J.A. Gray y N. McNaughton, *The Neuropsychology of Anxiety: An Enquiry into the Functions of the Septo-Hippocampal System,* Oxford, Oxford University Press, 2000; S.G. Hofmann, K.K. Ellard y G.J. Siegle, «Neurobiological correlates of cognitions in fear and anxiety: a cognitive-neurobiological information-processing model», *Cognition and Emotion* 26(2), 2012, pp. 282-99; K. Deisseroth, «Circuit Dynamics of Adaptive and Maladaptive Behaviour», *Nature* 505 (7483), 2014, pp. 309-317.

ansiedad, la angustia, la preocupación, etc. Ciertamente, estas distinciones deben ser objeto de una reflexión rigurosa: dada la naturaleza intrínsecamente fluida de estos fenómenos, una distinción regulativa entre diferentes formas de «sentir» (¿emoción?, ¿estado de ánimo?, ¿afecto?) ejerce inevitablemente una cierta violencia categorial.[16] *Sin embargo, esta cartografía constituye un paso necesario para cualquier análisis de las experiencias «afectivas» que aspire a ser riguroso y a la vez hacer justicia a su carácter abierto.*

Es evidente que estas críticas no dan en el blanco. Cuanto más sencilla es la arquitectónica, más lograda resulta. Por ello, debe valorarse la tesis de fondo de Nussbaum sobre el miedo, que puede expresarse del siguiente modo: el monarca se comporta como un niño manipulador. El niño, en efecto, utiliza su debilidad para esclavizar a los demás: «El único modo que tiene de conseguir lo que necesita es hacer que otra parte del mundo lo obtenga por ti».[17] La democracia pertenecería a la fase madura del ser adulto. Ser adulto significa ser capaz de respetar a los otros. Por tanto, puede aceptar un pluralismo de opiniones, actitudes y comportamientos.

La línea argumentativa procede, por consiguiente, de manera particularmente clara, recurriendo a dicotomías nítidas. Más precisamente, el discurso se construye a partir de la combinación de cuatro términos: la dico-

16   S. Micali, *Fenomenología de la ansiedad, op. cit,* pp. 31-37.
17   M. Nussbaum, *La monarquía del miedo, op. cit.,* p. 44 (traducción ligeramente modificada).

tomía «monarquía y democracia» se articula con otra dicotomía: la del «niño manipulador» y el «adulto». La relación entre el bien y el mal en términos políticos se fundamenta en la psicología del desarrollo: el monarca se comporta como el niño que, en su impotencia, aterroriza a los demás. A.R., por supuesto, podría objetar:

¿Qué democracia? ¿Qué monarca? ¿Qué niño? Los conceptos de democracia y monarquía que propone Nussbaum son enteramente vacíos, comparables a los conceptos de ser y nada al comienzo de la Lógica de Hegel: *pueden significar cualquier cosa. En realidad, no importa tanto qué signifiquen, pues su función es meramente instrumental dentro de una narrativa ya establecida que responde al esquema de una película de acción de serie B: existe el bien (la democracia) y el mal (el monarca).*

Esta objeción no llega a comprender la elegancia del gesto de Nussbaum: dejar los términos indeterminados permite a cada lector atribuirles el significado que prefiera.

Nussbaum afirma además que su posición se inspira en Rousseau y remite, más precisamente, a *Emilio*, atribuyéndole la teoría según la cual la vida humana no comienza en la democracia, sino en la monarquía:

Rousseau entendió que, en sus inicios, la vida humana no es una democracia, sino una monarquía. El bebé, fervorosamente mimado por quienes cuidan de él, no tiene otra vía de supervivencia que no sea la de esclavizar a otros. Los bebés son tan débiles que deben mandar para no morir. Por su incapacidad para el trabajo compartido o para la reciprocidad, solo pueden conseguir las cosas mediante órdenes y amenazas, y aprovechándose del amor reverencial que les dispensan otros individuos.[18]

Probablemente también aquí A.R. no dejaría de puntualizar, señalando la incongruencia con respecto a la obra de Rousseau.

Es innecesario señalar que las categorías de democracia y monarquía no se relacionan, en modo alguno, con el desarrollo del niño en el Emilio. *No solo los términos «democracia» y «monarquía» no aparecen en el texto en relación con la infancia, sino que la tesis según la cual el niño solo podría sobrevivir esclavizando a los demás es enteramente infundada. El texto de Rousseau es inequívoco al respecto: el lactante no manda en un principio, sino que solicita la ayuda de los otros para satisfacer sus necesidades. Rousseau sostiene que es una educación errónea la que transforma las súplicas en órdenes.*

Los primeros llantos de los niños son ruegos; si no se les hace caso, pronto se convierten en órdenes; empiezan haciéndose asistir y acaban haciendo que los sirvan. De esta suerte, de su flaqueza propia, de donde nace primero la conciencia de su dependencia se origina luego la idea de imperio y dominación; que nuestros servicios, ya empiezan aquí a hacerse distinguir los efectos morales, cuya inmediata causa no se halla en la naturaleza; y, por tanto, se ve que

18 *Ibid*, p. 45.

desde esta edad primera importa reconocer la secreta intención que ha dictado el ademán o el grito.[19]

Una interacción social defectuosa subyace a la actitud errónea del niño. Los niños se vuelven «incómodos, tiranos, imperiosos, malos, indómitos» a causa de nuestras respuestas disfuncionales frente a sus necesidades: en ellos no hay ningún «natural espíritu de dominación».[20] Es, más bien, nuestro comportamiento hacia ellos el que inculca ese espíritu. Rousseau nos aconseja no servir a los niños, sino potenciar al máximo su sentido de agencia (por emplear de modo levemente anacrónico pero en el fondo justificado un término hoy muy extendido) y su interacción con el mundo. La malicia, según Rousseau, surge de la debilidad: si se favorecen su fuerza y su desarrollo, también se verán estimuladas sus disposiciones naturales hacia el bien.[21] En la nota al pie del pasaje previamente citado, Nussbaum alude precisamente a la tesis rousseauniana según la cual el espíritu de dominación nace de la debilidad, sin mencionar, sin embargo, el papel fundamental que desempeña la interacción social.

Rousseau, *Emile: or On Education,* trad. inglesa de Allan Bloom, Nueva York, Basic Books, 1979, libro I, págs. 62-67 y, en especial, la pág. 66: «Así pues, de su debilidad, de donde procede originalmente su sen-

19   J.J. Rousseau, *Emilio o la educación,* París, Garnier Frères, 1898, p. 72.

20   *Ibid.*, p. 75.

21   El niño posee tal cantidad de energía que esta lo impulsa a modificar su entorno. Según Rousseau, el carácter destructivo de sus acciones no se debe a una naturaleza negativa, sino a otro factor: construir es un proceso lento y exige método, mientras que destruir se ajusta mejor a una actitud impetuosa *(Ibid.)*.

timiento de dependencia, nace luego la idea de imperio y dominación». Rousseau cree que la persona puede comenzar a resistirse a esa dependencia temerosa desde muy temprano si se alienta en ella la libertad de movimientos y el cuidado autosuficiente de sí misma. Aquí no sigo el razonamiento rousseauniano al detalle, sino que desarrollo a mi modo su idea central inicial, y lo hago influida por psicólogos como Stern y, en especial, por las tesis de Winnicott.[22]

En otras palabras, la interpretación errónea de Nussbaum sobre la intuición «inicial» de Rousseau se ve perpetuada por interpretaciones aún más inadecuadas de Winnicott y Stern.

Es del todo evidente que estas consideraciones de A.R. confunden de manera torpe la libertad hermenéutica de un filósofo contemporáneo con el error exegético. Además, las observaciones de A.R. subestiman el potencial heurístico del enfoque de Nussbaum para la historia de la filosofía: la interpretación del niño en el *Emilio* ofrecida en *La monarquía del miedo* puede ser saludada como revolucionaria, porque nos permite superar oposiciones que se han convertido en verdaderos lugares comunes, como, por ejemplo, la de oponer a Rousseau y a Hobbes: a la luz del análisis del *Emilio* por parte de Nussbaum, ¿se puede aún plantear una antítesis radical entre el inicio de la vida social en Rousseau y el estado de naturaleza en Hobbes?

22   M. Nussbaum, *La monarquía del miedo, op. cit.*, pp. 282-283.

La elección de los casos

Como se ha mencionado anteriormente, una de las tesis fundamentales de Nussbaum es que los niños tienen tendencias manipuladoras: «el bebé humano, desvalido, tiene un solo modo de conseguir lo que quiere: utilizar a otras personas».[23] Al comienzo rige un yo monárquico que vive en un estado constante de terror e impotencia. El sentimiento de impotencia hace imposible toda forma de amor y de reciprocidad. Remitiéndose a Winnicott, Nussbaum sostiene que solo cuando el niño aprende a estar solo se crean las condiciones para el surgimiento del yo democrático. En esta fase, los objetos transicionales desempeñan un papel fundamental, pues ayudan al niño a superar el miedo en ausencia de los padres:

> En ese momento, un niño empieza a ser capaz de relacionarse con sus padres como personas separadas y completas, en vez de considerarlos una prolongación de sus propias necesidades. Su yo democrático está listo para ver la luz.[24]

Al mismo tiempo, el niño debe atravesar aquí un momento crítico: es la persona a quien ahora ama la misma a la que antes dirigía su agresividad. Así, se vuelve consciente de la injusticia de su propio comportamiento. Resulta entonces fundamental que los padres acompañen el proceso de crecimiento con una mirada amorosa,

23   *Ibid,* p. 54.
24   *Ibid.,* p. 57.

aceptando también la hostilidad del niño. Solo de manera progresiva —esto es, mediante la combinación de la capacidad de estar solo, de crisis «morales» y del sostén continuo de los cuidados amorosos de los padres— puede emerger un yo democrático. Y, sin embargo,

> la horrible tenebrosidad del miedo durante los primeros meses de vida acecha siempre bajo la superficie, y se convierte con enorme facilidad en pesadilla ante la más mínima novedad desestabilizadora: una dolencia de infancia, la enfermedad o el fallecimiento de un padre, el nacimiento de un nuevo hermano.[25]

Para validar su tesis, Nussbaum recurre a un caso célebre de la literatura psicoanalítica: el de Gabrielle, una niña que presentaba perturbaciones tan graves que su madre se vio obligada a contactar a Donald Winnicott. Winnicott documentó este caso en su obra *The Piggle*. En la primera carta, la madre comunica a Winnicott que Gabrielle, de dos años y cuatro meses, se muestra ansiosa, permanece despierta por las noches y sufre pesadillas. Estas fantasías giran en torno a dos escenarios:

1. Gabrielle habla de una «momia negra» en su interior que podría también volverla negra (a veces también aparece un «papá negro» en estas pesadillas).
2. Otra pesadilla frecuente involucra una presencia aterradora e indefinible a la que Gabrielle llama el «babacar».

25 *Ibid,* p. 59.

Para comprender la condición de Gabrielle, cito una de las primeras cartas que la madre envió a Winnicott: «Piggle ya no juega con concentración, apenas admite ser ella misma: o bien es el baba o, más a menudo, la momia. "Piggle se ha ido, se ha ido con el babacar. Piggle es negra. Las dos Piggles son malas. ¡Mami, llora por el babacar!"».[26] Posteriormente, surgió otra ansiedad: un terror a ser envenenada. Recientemente, Deborah Anna Luepnitz ha publicado una entrevista con Esther (Gabrielle era su segundo nombre).[27] Esther Gabrielle es hoy terapeuta. A la luz de esta entrevista, las pesadillas de la infancia adquieren una nueva inteligibilidad: sus padres, checos germanoparlantes, habían escapado del exterminio. En 1940, la madre de Gabrielle, Friedl (de 18 años), logró llegar a Inglaterra en tren junto con su hermano de 8 años, utilizando pasaportes falsos. Su bisabuela Margarethe y su tía abuela Gerta-Esther fueron asesinadas por los nazis.

¿Qué diría A.R. de todo esto?

Francamente no tengo ni el tiempo ni demasiadas ganas de detenerme en la reconstrucción que hace Nussbaum del desarrollo del niño en Winnicott. Me limito, por tanto, a lo esencial. Comencemos con una cita: «Donald Winnicott, gran psicoanalista que también era pediatra, concluyó tras observar

26   D. Winnicott, *The Piggle: An Account of the Psychoanalytic Treatment of a Little Girl*, Madison, International Universities Press, 1977, p. 7.

27   D.A. Luepnitz, «The Name of the Piggle: Reconsidering Winnicott's Classic Case in Light of Some Conversations with the Adult "Gabrielle"», *International Journal of Psychoanalysis* 98(2), 2017, pp. 343-370.

a miles de niños sanos que el tenebroso relato de terror y esclavización monárquica aquí referido rara vez prevalece con el paso del tiempo».[28] *Al leer esta frase, un lector poco experimentado tiene todas las razones para pensar que Winnicott utiliza el concepto de esclavización monárquica. El problema es que, obviamente, en Winnicott no hay ningún yo monárquico. En un primer momento, en realidad, para Winnicott no existe separación entre madre e hijo: «No hay intercambio entre él y la madre. En términos psicológicos, el bebé se alimenta de un pecho que es parte de él, y la madre da leche a un bebé que forma parte de ella».*[29] *La dinámica de los objetos transicionales, de hecho, no es comprensible si no se considera el papel crucial de la ilusión: el niño se ilusiona con poder disponer de la realidad a su antojo. Y esta ilusión es obra de la madre suficientemente buena, que lo es si, incluso con el paso del tiempo, expone gradualmente al niño al doloroso proceso de la desilusión. En este punto es legítimo preguntarse: ¿cómo puede Nussbaum remitirse a Winnicott para el concepto de un yo monárquico manipulador frente al otro, sin explicitar luego las tensiones con su idea fundamental según la cual no existe propiamente una separación inicial entre yo y otro? Por una parte, Nussbaum no menciona aspectos cruciales de Winnicott, como los conceptos de dependencia y de integración. Por otra parte, remite a distintos temas efectivamente tratados por Winnicott (los objetos transicionales, el estar solo, etc.), pero los reorganiza en un marco de conjunto en el que queda muy poco de Winnicott. Proyectar el yo monárquico en el inicio del desarrollo del niño sobre un autor como Winnicott, que*

28   M. Nussbaum, *La monarquía del miedo, op. cit.*, p. 56.

29   D. Winnicott, *Realidad y juego*, Barcelona, Herder, 2026, p. 41.

nos enseñó a pensar la proyección, es un hallazgo surrealista del que ni siquiera el mejor Buñuel —el de El ángel exterminador— *habría sido capaz.*

Mi juicio puede parecer injusto hacia una filósofa de fama mundial, pero ¿no es una cuestión de justicia oponerse a quien distorsiona y banaliza de modo sistemático las ideas ajenas? ¿No es una forma de violencia muda la de simplificar y descontextualizar las posiciones del otro? Todo escritor que se respete intenta construir catedrales de pensamiento, prestando atención a cada detalle para hacer resaltar la coherencia del conjunto. Si se tergiversa de manera burda el pensamiento ajeno sin esforzarse por comprenderlo, es decir, sin concederle la escucha debida, ¿no es una interpretación de este tipo el exacto equivalente de lo que se denomina un «desgarro» en relación con las obras de arte? ¿Y no es un deber moral reaccionar frente al desgarro?

En lo que respecta al caso de Gabrielle, sería interesante discutir los términos de la relación entre el «babacar» que aterrorizaba a Gabrielle y los trenes que conducían al exterminio. Pero, dado el poco espacio disponible, debo dejar de lado este tema. Prefiero concentrarme en el supuesto de fondo de toda la argumentación de Nussbaum, que despierta en mí un sentimiento particular, un sentimiento que puedo definir como de desconsolado estupor. Un desconsolado asombro me surge espontáneamente al leer esta frase: «El caso de Gabrielle nos recuerda que la infancia es una época inherentemente aterradora».[30] Me pregunto: ¿cómo puede considerarse el caso de Gabrielle —cuyo nombre real era Esther, elegido sin que ella lo supiera en honor a una tía abuela asesinada en

---

30   M. Nussbaum, *La monarquía del miedo, op. cit.*, p. 61.

Auschwitz— como paradigma de la infancia? ¿Cómo puede utilizarse la experiencia de una niña de tres años con signos de sufrimiento psicopatológico, cuya madre había escapado a duras penas de la furia nazi, como ejemplo del hecho de que «la infancia es inherentemente aterradora»?

Estas preguntas solo revelan la incapacidad de A.R. para seguir una exposición que es un modelo de claridad y precisión conceptual.

La elección del estilo

No sorprendería que A.R. fuera particularmente corrosivo en lo que respecta a las cuestiones de estilo.

Quienes se dedican a la filosofía deben, sin duda, conservar un espíritu crítico. Es preciso ser adulto, es decir, autónomo, y evaluar cuidadosamente los argumentos, sus supuestos, su valor heurístico y los límites de su validez.[31] Es necesario escuchar a las grandes voces de la tradición sin obedecerlas. Al mismo tiempo, debe conservarse un sentido de la proporción

31   En este contexto, conviene recordar las célebres palabras de Kant sobre la Ilustración: «La Ilustración es la salida del hombre de su autoculpable minoría de edad. La minoría de edad significa la incapacidad de servirse de su propio entendimiento sin la guía de otro. Uno mismo es culpable de esta minoría de edad cuando la causa de ella no reside en la carencia de entendimiento, sino en la falta de decisión y valor para servirse por sí mismo de él sin la guía de otro. *¡Sapere aude!* [¡Atrévete a saber!] ¡Ten valor de servirte de tu propio entendimiento!, he aquí el lema de la Ilustración» I. Kant, *Respuesta a la pregunta: ¿Qué es la Ilustración?*, Madrid, Alianza, 2004, p. 47.

para no caer en el ridículo. Resulta ciertamente problemático abordar pensamientos fundacionales de nuestra tradición intelectual (al menos desde el punto de vista de su influencia histórica) sin comprender su complejidad, dispensando condescendientemente una aprobación desde lo alto.

Pero para sentir miedo solo se necesita cierta consciencia de un peligro que acecha. Aristóteles definió el miedo como el dolor producido por la aparente presencia inminente de algo malo o negativo, acompañado de una sensación de impotencia para repelerlo. Eso está bastante bien *(«That's pretty good»)*. Los pensamientos implicados en dicha emoción no necesitan del lenguaje para expresarse, sino únicamente de cierta capacidad de percepción y de cierto sentido —por vago que este sea— del bien o el mal propios. Algo malo se avecina y yo estoy aquí atrapado.[32]

Este pasaje presenta varios problemas. Primero, el registro lingüístico que subyace a la expresión «eso está bastante bien» («that's pretty good»). Este estilo desenfadado resulta escandalosamente condescendiente, al tratar al otro como a un infante cuyas vocalizaciones nos sorprenden porque consiguen

---

32   M. Nussbaum, *La monarquía del miedo, op. cit.*, p. 47, traducción modificada. «But to have fear, all you need is an awareness of danger looming. Aristotle defined fear as pain at the seeming presence of some impending bad thing, combined with a feeling that you are powerless to ward it off. That's pretty good. The thoughts involved don't require language, they only require perception, and some sense, however vague, of one's own good or ill. Something bad is looming, and I am stuck» (M. Nussbaum, *The Monarchy of Fear,* Nueva York, Simon & Schuster, 2018, p. 28).

articular una frase coherente. Si el otro, como aquí, es Aristóte-
les, entonces el sentido de la proporción se ha perdido eviden-
temente. A la vez, se percibe una tensión entre esta actitud y
la interpretación de la tesis aristotélica que, tal como la pre-
senta Nussbaum, se reduce a un lugar común o a algo desar-
mantemente trivial. Nussbaum remite aquí al siguiente texto:

ἔστω δὴ ὁ φόβος λύπη τις ἢ ταραχὴ ἐκ φαντασίας
μέλλοντος κακοῦ φθαρτικοῦ ἢ λυπηροῦ

Sea el temor un sufrimiento o turbación nacido de
imaginar un mal venidero que puede provocar des-
trucción o sufrimiento.[33]

Con respecto a este pasaje, conviene destacar al menos dos
aspectos distintos.

   1. *Una dificultad fundamental del texto reside en la tra-*
   ducción del término phantasia, *que elude nuestra rígida*
   distinción entre percepción e imaginación como la propia
   Nussbaum ha mostrado en los ensayos interpretativos que
   siguen el texto de Aristóteles De Motu Animalium,
   y en particular en el notable Ensayo 5: The Role of
   Phantasia in Aristotle's, *donde desarrolla la idea de*
   la phantasia *como interpretación de la* aisthesis[34] *en el*

---

33   Aristóteles, *Retórica*, 1382a

34   «La afirmación de que *aisthesis* y *phantasia* constituyen "la
misma facultad" equivale ahora a sostener que la recepción y la interpretación no son separables, sino profundamente interdependientes.
No existe un "ojo inocente" receptivo en la percepción. El modo en
que algo *phainetai* para mí está, de manera evidente, vinculado con mi

sentido wittgensteiniano del ver-como (seeing as), *su-brayando la estrecha interrelación entre* phantasia, *deseo* (orexis) *y acción. Para poner de relieve la dificultad de la traducción, basta recordar aquí que el traductor inglés de este pasaje aristotélico recurre a tres términos distintos para verter* phantasia: *a) presentación, b) impresión y c) presentimiento vivo: «Let fear be defined, a pain or disturbance arising from a mental (presentation or) impression* (phantasia) *(a vivid presentiment) of coming evil, destructive or painful».*[35] *El término* phantasia *es tan difícil de definir como central en la arquitectónica del análisis aristotélico de las emociones, del deseo y de la acción, ya que actúa como un puente entre el pensamiento y la corporalidad: cada reacción emotiva implica una alteración corporal.*[36]

2. *El pasaje no sostiene la tesis de que exista un sufrimiento vinculado a un acontecimiento futuro de carácter inminente, combinado con un sentimiento de impotencia. El* phobos *aquí es un temor presente, motivado por la*

---

pasado, mis prejuicios y mis necesidades. Pero si es únicamente en virtud de la *phantasia*, y no de la *aisthesis* por sí sola, que aprehendo el objeto como objeto, se sigue de ello que no hay ninguna visión no interpretada o "inocente" de él, ninguna distinción —al menos en el nivel de la forma o de la percepción del objeto— entre lo dado, o recibido, y lo interpretado» (M. Nussbaum, «The Role of Phantasia in Aristotle's Explanation of Action», en *Aristotle's De Motu Animalium*: Princeton, Princeton University Press, 1978, pp. 260-261).

35 «Definamos el miedo como un dolor o trastorno suscitado por una (presentación o) impresión mental *(phantasia)* (uno vivo presentimiento) de un mal inminente, destructivo o doloroso (Aristóteles, *Retórica,* Madrid, Alianza, 2009, p. 59).

36 B. Centrone, «La componente corporea delle affezioni dell'anima in Aristotele», en E. Canone (ed.), *Anima-corpo alla luce dell'etica. Antichi e moderni,* Florencia, Leo S. Olschki, 2015, p. 25.

imaginación, la anticipación o la representación de la posibilidad de un evento negativo futuro capaz de destruir o generar dolor. La estructura temporal es circular: el dolor abre y cierra la escena, pero los dos dolores se sitúan en ejes temporales distintos y, sin embargo, se comunican entre sí. Esta comunicación se da por mediación de la phantasia. Existe, por tanto, una relación intrincada entre el dolor presente y el dolor futuro: la «impresión» del dolor futuro ya es sufrimiento actual. Debemos tener en cuenta además que autores canónicos como Séneca y Montaigne han subrayado, al igual que Aristóteles, el carácter proléptico del miedo.[37] En la carta 74 a Lucilio, Séneca enfatiza la importancia de conservar el equilibrio incluso en las situaciones más difíciles. En ese contexto, describe la circularidad del miedo: «Pero si la necedad teme algún mal, lo padece en el mismo momento de esperarlo, como si ya hubiese llegado, sufriendo por anticipación aquello que teme que pueda ocurrir».[38] De modo similar, Montaigne, en el tercer libro de sus Ensayos, ilustra que la posibilidad del dolor futuro ya es sufrimiento presente: «¿Pero siento acaso algo que me corroa? No esperen que me entretenga en reconocer mi pulso y mis orinas para sacar de ello alguna enojosa previsión; llegaré a tiempo de sentir el mal sin alargarlo con el mal del miedo. Quien teme sufrir, ya sufre lo que teme».[39] La

---

37 S. Micali, *Fenomenología de la ansiedad, op. cit.*, pp. 253-258.

38 «Si vero aliquod timetur malum, eo proinde, dum expectat, quasi venisset, urgetur et quicquid nepatiatur timet, iam metu patitur». Séneca, *Epistulae Morales ad Lucilium,* Cambridge, Harvard University Press, 1996, p. 459 [trad. cast.: *Cartas a Lucilio*, Madrid, Cátedra, 2018].

39 M. de Montaigne, *Les essais,* Paris: PUF, 1988, vol. III, p. 1095.

definición de Nussbaum pasa así por alto el punto
esencial: la circularidad proléptica del dolor en el
miedo, reduciendo la posición de Aristóteles a algo tri-
vial: «Aristóteles definió el miedo como el dolor pro-
ducido por la aparente presencia inminente de algo
malo o negativo, acompañado de una sensación de impo-
tencia para repelerlo».[40]

No me interesa seguir discutiendo el texto La monarquía del
miedo, *aunque sería necesario señalar sus múltiples carencias,*
en particular de orden genealógico (baste mencionar que un li-
bro titulado La monarquía del miedo *no menciona ni una*
sola vez el nombre de Hobbes…). Me he permitido someter
esta obra a un examen crítico únicamente porque constituye
un caso ejemplar de aquella dinámica por la cual un texto
que, debido a sus carencias desorbitadas, no merecería ser pu-
blicado, se convierte perversamente en un punto de referencia
dentro de los estudios. Por esta razón, ha representado un caso
ideal para explicitar aquellas técnicas filológicas y hermenéu-
ticas de defensa que nos permiten tomar una distancia crítica
capaz de profanar el culto a la celebridad.

Me ha parecido oportuno citar este largo pasaje de
A.R. para poner de manifiesto la falta de actualidad
de una actitud que se presenta a sí misma como resistencia ética, cuando no es más que una expresión
elitista de quien no es capaz de estar a la altura de los
tiempos presentes. El único consuelo es que la actitud
de estudiosos como A.R. está en vías de extinción.

40   M. Nussbaum, *La monarquía del miedo, op. cit.* p. 47.

IV. EJERCICIOS (DE ESTILO)

I. ¿CÓMO ESCRIBIR? SER DEFINITIVO

Aquí me propongo ofrecer un ejemplo de escritura al estilo del profeta de la distopía. Es preciso abordar temas inmensos de manera definitiva (y preferentemente cautivadora), trazarlos en pocas líneas y articularlos en una visión de conjunto. En las tres secciones que siguen, intento mostrar a qué me refiero explorando el tema del declive de las humanidades.

Nota sobre el silencio de los intelectuales

El lamento por la ausencia de voces intelectuales en la esfera pública posee, en el fondo, un carácter profundamente consolador, pues mantiene la fe en su presencia oculta. Tal lamento no reconoce que ha tenido lugar una extinción. En otras palabras, confunde el silencio del desterrado con el del difunto.

Profundas transformaciones sociales, económicas y culturales han contribuido a eliminar las condiciones mismas de posibilidad de la existencia del intelectual. Me limitaré aquí a nombrar tres de ellas: la crisis del medio, el declive de la universidad y la desaparición de la soledad. No podré abordar el primer punto —que mencionaré apenas— y me concentraré en los otros dos.

La figura del intelectual es inseparable del concepto de opinión pública. En su reconstrucción genealógica del término «opinión pública», Habermas subraya la imposibilidad de disociar dicho concepto del medio en el que se manifiesta: la prensa.[1] En efecto, existe un lugar eminente a través del cual se expande la esfera de influencia del intelectual: el periódico. Baste recordar cómo el término «intelectual», en el lenguaje contemporáneo, queda marcado por un acontecimiento epocal en la historia de la cultura europea: el caso Dreyfus. El 13 de enero de 1898, Émile Zola publica su célebre carta abierta *J'accuse* en un pequeño periódico parisino recién fundado. Dirigiéndose al presidente de la República, Félix Faure, Zola denuncia que la condena de un inocente mancha de manera indeleble a Francia —y particularmente a su presidente— en un momento clave: la víspera de la Exposición Universal. Cientos de académicos, figuras eminentes de diversas disciplinas, escritores, artistas, juristas y músicos —como Lucien Herr, Anatole France, Gustave Lanson y Marcel Proust— se sumaron a la protesta para denunciar la injusticia sufrida por Dreyfus. En la edición del 23 de enero, Georges Clemenceau denomina a estos activistas políticos «intelectuales», movidos por una idea superior de justicia, imparcialidad y verdad.

No puedo aquí reconstruir el complejo recorrido de la figura del intelectual francés, objeto de meticulosos estudios por parte de autores como Christophe Charle

---

1   J. Habermas, *Strukturwandel der Öffentlichkeit: Untersuchungen zu einer Kategorie der bürgerlichen Gesellschaft,* Neuwied, Luchterhand, 1962.

y François Dosse.[2] Me limitaré a señalar que, hasta la Cuarta Revolución Industrial[3] —es decir, la irrupción de internet y sus efectos sobre el ámbito de la información—,[4] el periódico constituía el campo de juego y de poder del intelectual. Se decía que un editorial podía cambiar el rumbo político de un gobierno.

El ocaso del intelectual no puede disociarse de la crisis del periodismo impreso. Ningún análisis del periódico omite citar la frase hiperbólica de Hegel según la cual el periódico es la oración del hombre moderno. Siempre me ha parecido más aguda —aunque provenga de un autor que no me resulta particularmente simpático— la sentencia de Ernst Jünger: no hay nada más viejo que el periódico de ayer. Las redes sociales han vuelto obsoletamente melancólico al periódico de hoy. ¿Lo vuelve esto irrelevante? En una sociedad fundada en la aceleración, ¿puede algo tan obsoleto ejercer aún alguna autoridad?

El declive de la universidad

El espíritu antiacadémico ha existido siempre y quizá haya encontrado su expresión más eficaz en una frase

---

2   C. Charle y L. Jeanpierre, *La vie intellectuelle en France,* 3 vols., París, Seuil, 2016-2019; F. Dosse, *La saga des intellectuels français,* 2 vols., París, Gallimard, 2018.

3   L. Floridi, *The Fourth Revolution: How the Infosphere is Reshaping Human Reality,* Oxford, Oxford University Press, 2014.

4   J. Habermas, *Un nuevo cambio estructural de la esfera pública y la política deliberativa,* Madrid, Trotta, 2025.

fulminante atribuida a Kierkegaard: «Quitadle la paradoja al pensador y tendréis un profesor».[5] Sin embargo, resulta difícil negar que, durante siglos, los autores canónicos de la tradición occidental se han formado en el seno de la universidad. Basta con contemplar el panorama a partir de finales del siglo XVIII: Kant, Fichte, Schelling, Hegel, Husserl, Heidegger, Wittgenstein, Arendt, Foucault, Adorno, Blumenberg... Todos ellos sostenían teorías diversas y mostraban temperamentos singulares, pero compartían una condición común: eran profesores universitarios. Aun el subversivo Nietzsche fue nombrado profesor en Basilea a la edad de veinticinco años. Incluso aquellos autores que, por diversas razones, no desarrollaron una carrera académica —como Karl Marx, Walter Benjamin, Edith Stein, entre otros— obtuvieron —o intentaron obtener— títulos universitarios (doctorados, habilitaciones, etc.).

No sorprende, entonces, que el declive de la universidad repercuta de manera decisiva en el declive del pensamiento en general, y del intelectual en particular. La universidad se ha convertido en un organismo de normalización coercitiva, dedicado a la especialización miope. En el interior de las llamadas «ciencias humanas» —expresión más desafortunada que polémica como traducción de *Geisteswissenschaften*—, la competencia se desarrolla en torno a un culto autista de habilidades cada vez más estrechas. Esta competencia está

---

5 Esta frase lapidaria es una paráfrasis de un pensamiento que se encuentra en S. Kierkegaard, *Søren Kierkegaards Papirer,* Gyldendal, København, 1909-1948, X, I, A 573.

impulsada por la ansiedad de la exclusión y, por tanto, orientada a la adhesión a normas y a medianías funcionales, erigidas en criterios para la evaluación.

Parafraseando a Adorno, podría decirse que la departamentalización del espíritu constituye un medio para su liquidación, sobre todo si se ejerce *ex officio*.[6] Quienes alcanzan la cima de la pirámide validan las lógicas de saber y poder que les han otorgado dicha posición: confirman y son confirmados por la pirámide, aseguran y son asegurados, tranquilizan y se tranquilizan. La conquista de un puesto prestigioso es hoy el resultado de un proceso de selección capilar que deja huellas profundas en el individuo: en su actitud, en la jerarquía de sus valores y, con toda probabilidad, en ciertos silencios imposibles de colmar. Quien persigue tales fines, si alguna vez tuvo espíritu, ha debido desaprenderlo con el tiempo. De ahí que quienes hoy ocupan posiciones de privilegio —y podrían hablar— ya no tengan nada que decir o hayan olvidado, por el camino, lo que podrían (y querrían) haber dicho. La división del saber y la división del trabajo avanzan juntas, como ya lo había advertido Schiller —mucho antes que Adorno— en sus *Cartas sobre la educación estética de la humanidad*.[7]

6 «La departamentalización del espíritu es un medio para deshacerse de él ahí donde no viene *ex officio* establecida su función. Ello hace que sus servidos sean tanto más puntuales que los de aquel que denuncia la división del trabajo —aun en el caso de que su trabajo le produzca satisfacción— y, en el seno de esta, ofrezca ciertos lados vulnerables que son inseparables de sus momentos de superioridad». T. Adorno, *Minima Moralia: Reflexiones desde la vida dañada,* Madrid, Taurus, 2001.

7 F. Schiller, *Cartas sobre la educación estética de la humanidad*, Barcelona, Acantilado, 2018.

El control de calidad en la investigación científica —sea en el diseño de un dron o en la reconstrucción del pensamiento de Maimónides— revela similitudes inquietantes. La secuenciación de la actividad conforme a cronogramas que responden a un orden previamente establecido —compuesto por evaluaciones de expertos, plazos estrictos, procedimientos estandarizados— atraviesa por igual las distintas formas de producción del saber. A la comunidad científica no le escandaliza lo evidente: que convocatorias europeas como las del European Research Council (ERC) impongan un mismo formato a campos del saber radicalmente heterogéneos. Tal modelo encuentra su origen en los mecanismos de control concebidos para optimizar la producción de bienes y servicios.

Bröckling ha señalado cuatro conceptos clave para comprender nuestra sociedad tardocapitalista o, en términos de Foucault, posdisciplinaria: creatividad, control de calidad, proyecto y empoderamiento.[8] Si bien albergo ciertas reservas respecto a la pertinencia del empoderamiento, no cabe duda de que los otros tres constituyen pilares esenciales para definir la acción social contemporánea. Estos elementos se hallan íntimamente entrelazados: el imperativo de la innovación permanente se impone en todos los ámbitos de la praxis. La innovación surge en un entorno donde el control de calidad de servicios y productos debe ser incesantemente reajustado y perfeccionado.

8   U. Bröckling, *El self emprendedor. Sociología de una forma de subjetivación,* Santiago de Chile, Universidad Alberto Hurtado, 2015.

Las innovaciones emergen en una cultura del «proyecto»: la «secuenciación del trabajo (y, en última instancia, de la vida entera)» adopta la forma de proyectos temporales, articulados mediante un «modo específico de cooperación» —el trabajo en equipo—.[9] La innovación y la creatividad no solo son deseables, sino que se han convertido en imperativos normativos. Crear algo nuevo deja de ser un objetivo excepcional para devenir la forma misma de lo normal —en el sentido ambiguo y preciso que ha esclarecido Canguilhem: lo normal es aquello que es habitual y, al mismo tiempo, aquello que instituye la norma—.[10] El individuo, en este marco, debe invertir en sus competencias como si se tratara de una empresa convocada, sometida —o quizá más bien condenada— a un proceso incesante de autooptimización.[11]

Minima Moralia de Adorno evidenciaba ya la empresarización de las actividades del espíritu: «La ocupación con las cosas del espíritu se ha convertido con el tiempo "prácticamente" en una actividad con una estricta división del trabajo, con ramas y *numerus clausus*».[12] No parece del todo descabellado suponer que existe cierta correspondencia entre la progresiva desaparición de voces intelectuales en la esfera pública y esta transformación empresarial de la vida espiritual.

---

9   *Ibid.*, p. 28.

10   G. Canguilhem, *Lo normal y lo patológico,* Ciudad de México, Siglo XXI, 1982.

11   A. Gorz, *L'immatériel: Connaissance, valeur et capital,* París, Galilée, 2003, p. 25.

12   T. Adorno, *Minima Moralia, op. cit.*, p. 17.

La imposibilidad de la soledad

Al leer ensayos de filosofía contemporánea, tengo la nítida impresión de que el signo de interrogación se encuentra en vías de extinción. No solo en filosofía, sino también en el ámbito de las ciencias humanas, su presencia resulta cada vez más infrecuente. Si esta sensación se confirma,[13] la desaparición del signo de interrogación constituiría un síntoma revelador de una tendencia dominante en nuestro tiempo: ofrecer respuestas sin preguntas previas. No resulta aventurado sostener que la degradación del pensamiento contemporáneo debería vincularse a la disolución de la pregunta. Y esta ausencia remite, a su vez, a uno de esos acontecimientos epocales que han tenido lugar sin que nos percatáramos: la verdadera víctima de las redes sociales es la imposibilidad de aquello que, en inglés, se denomina *solitude.*

El término castellano *soledad* no alcanza a transmitir plenamente el sentido positivo de la palabra inglesa *solitude,* que debe concebirse como una isla serena en medio del torbellino de la interacción con el mundo y con los otros, un intervalo espacio-temporal en el que uno puede relacionarse consigo mismo en calma. La confluencia entre el culto al rendimiento y el uso compulsivo de las redes sociales sofoca aquellos espacios de auténtica soledad en los que únicamente

13   Sería interesante poder verificar esta impresión mía mediante un estudio comparativo de la frecuencia de los signos de interrogación en los números de prestigiosas revistas de filosofía, en diferentes lenguas, publicados desde la década de 1950 hasta hoy.

pueden acontecer la lectura y la escritura genuinas. No obstante, resulta igualmente evidente que la conexión compulsiva a dichas plataformas genera aislamiento, es decir, soledad como privación: sentirse solo. El mero hecho de saberse constantemente localizable por correo electrónico u otros medios altera la relación con uno mismo, instaurando una ansiedad subyacente y una sensación persistente de quedar rezagado respecto del propio desempeño. La *solitude,* por el contrario, comporta la exaltación libre del tiempo perdido —y el saberse digno de esa exaltación.

Redes sociales como Instagram distorsionan el espacio intersubjetivo, fomentando una extraversión narcisista que constituye, en muchos sentidos, la antítesis misma de la soledad —entendida como *solitude*—. Uno se aliena de sí al exhibir sus actividades, pasiones, afectos y amistades como espectáculo, es decir, como objeto de consumo, partiendo del supuesto inmediato de merecer estar en el centro del interés general. En este proceso, el otro queda inevitablemente reducido a la condición de tercero, de público, de audiencia. En la medida en que la cámara permanece dirigida constantemente hacia uno mismo, el otro —en tanto singularidad— se vuelve inalcanzable. Merleau-Ponty definió la intercorporalidad en los siguientes términos:

> La comunicación o la comprensión de los gestos se logra con la reciprocidad de mis intenciones y de los gestos del otro, de mis gestos y de las intenciones legibles en la conducta del otro. Todo ocurre como si la in-

tención del otro habitara mi cuerpo, o como si mis intenciones habitaran el suyo.[14]

En un mundo en el que ya no resulta posible habitar la mirada del otro, no sorprende que vivamos bajo una ansiedad constante por no ser suficientemente vistos, por no haber sido debidamente reflejados por los demás.

14   M. Merleau-Ponty, *Fenomenología de la percepción,* Barcelona, Planeta-De Agostini, 1993, p. 202.

2. CÓMO NO CRITICAR A LOS DEMÁS

En esta sección me propongo ofrecer algunas consideraciones sobre la manera en que conviene relacionarse con otros autores. Más precisamente, mis observaciones se centran en el momento de la crítica. ¿Cómo señalar los errores del otro sin comprometer la propia posición? Una crítica verdaderamente lograda debe conjugar dos dimensiones esenciales: por un lado, manifestar la soberanía olímpica de quien la emite; por otro, presentarse como una constatación objetiva de los hechos.

Por ello, nunca resulta pertinente recurrir a comentarios de carácter personal, ni adoptar el punto de vista ajeno con el fin de evidenciar las contradicciones internas de su paradigma. En ambos casos, la crítica revelaría una forma sutil de subordinación con respecto al otro. En el primer caso, se corre el riesgo de dejar entrever algo no resuelto en uno mismo: un residuo afectivo de carácter reactivo. En el segundo, el simple hecho de partir de la perspectiva del otro implica ya una renuncia —explícita o tácita— a la propia soberanía discursiva.

Para ilustrar de manera más vívida este planteamiento, presento a continuación dos ejemplos concretos de críticas reactivas formuladas contra Slavoj Žižek. Como se ha señalado, se trata de contraejemplos paradigmáticos: figuran aquí como advertencias, como modelos negativos de lo que debe evitarse.

Máxima: *Evite la crítica personal, podría delatar sentimientos reactivos no elaborados.*

Ejemplo: Sobre la autoburla

La crítica de Žižek posee un carácter corrosivo que no perdona a nadie, ni siquiera a sí mismo. Hay algo en su actitud que a menudo me inquieta. Siento una incomodidad difícil de formular con precisión. Intuyo que está relacionada con su inclinación a la autoburla. Esta práctica posee un rasgo peculiar. No se manifiesta, simplemente, en el sentido más obvio del término: en exponerse al ridículo hay, paradójicamente, una gravedad soterrada, una seriedad que solo ciertos payasos saben encarnar (¿y no era acaso esta ambigüedad la razón por la que Federico Fellini los apreciaba tanto?).

La autoburla —que no solo se sostiene en la risa ajena, sino que la convoca activamente— entraña ciertamente un coste psíquico considerable. En un primer momento, podría pensarse que cuanto más uno suscita una risa que, con cierta carga de violencia, lo convierte en objeto de burla, más se insinúa una relación masoquista consigo mismo. Pero en realidad, se trata de una negación implícita del otro por parte de quien se entrega a la autoburla: no solo en el sentido de imponer las reglas del juego —convirtiendo así al espectador en una marioneta teledirigida—, sino más bien en el gesto de una revancha simbólica: *puedo exponerme al ridículo porque tu juicio carece de valor*. La autoburla deviene posible —y, por así decirlo, se sostiene estructuralmente— sobre la base de una negación del otro: *puedo soportar tu risa porque tú no eres nada*. Por eso, puedo permitirme ser objeto de ridículo.

¿Puede la autoburla ejercerse con auténtica levedad? ¿Es concebible esta actitud sin una elevada opinión de sí mismo? En ese afán de no ser lo que los otros ven y juzgan, la identidad de quien queda atrapado en el mismo «juego» que presume controlar se configura de manera negativa y antagónica. Su situación no es comparable a la de quien contradice a su interlocutor —del cual, al fin y al cabo, extrae su propia identidad—. La escena es más compleja: se expone, se despoja de su «decoro», porque considera que ese decoro es una ficción social que debe ser desenmascarada. Y, sin embargo, una parte de él agoniza con esa exposición. ¿Es, quizá, más acá de toda intención, esa esquiva agonía la fuente del malestar del espectador?

Máxima: *Evitar toda crítica que revele subordinación teórica.*

Nunca debe adoptarse la perspectiva del otro como punto de partida para criticarlo desde dentro. No conviene utilizar su lenguaje, sus categorías ni sus marcos conceptuales. Una estrategia así delata, en última instancia, una forma de subordinación intelectual.

Ejemplo: San Slavoj

En *La ideología alemana,* Marx y Engels arremeten sin contemplaciones contra los discípulos de Hegel, quienes conceden una atención desmesurada al ámbito fantasmal —particularmente cuando esta atención se cristaliza de manera unilateral en la dimensión religiosa—. Una crítica de este tipo deja de lado lo esencial: las relaciones reales entre las distintas clases sociales. Marx y Engels comparan a este tipo de pensador con un caballero que malinterpreta la relación entre pensamiento y realidad:

> Un hombre listo dio una vez en pensar que los hombres se hundían en el agua y se ahogaban simplemente porque se dejaban llevar de la *idea de la gravedad.* Tan pronto como se quitasen esta idea de la cabeza, considerándola por ejemplo como una idea nacida de la superstición, como una idea religiosa, quedarían sustraídos al peligro de ahogarse. Ese hombre se pasó la vida luchando contra la ilusión de la gravedad, de cuyas nocivas consecuencias le aportaban nuevas y abundantes pruebas todas las estadísticas. Este hombre listo era el prototipo de los nuevos filósofos revolucionarios alemanes.[1]

¿No es esto, en última instancia, lo que ocurre con Žižek en su empeño por desenmascarar la ideología

---

1 K. Marx y F. Engels, *La ideología alemana,* Barcelona, Grijalbo, 1974, p. 12.

dominante? El éxito de san Slavoj está íntimamente ligado a su crítica de la ideología, la cual se apoya en un sistemático «análisis» del cuerpo de Lacan, aun cuando no exista una identificación concluyente del mismo. En realidad, lo que sigue en corrupción —desde hace ya dos siglos— es la identidad de Hegel (con su saber absoluto): un Hegel que habría superado *(aufgehoben)* a Marx y que, milagrosamente, gracias a la tecnología, reaparece hoy con el rostro y el ADN de Lacan…

En el núcleo mismo de su gesto hay una profunda complicidad —y una afinidad estructural— entre Žižek y la ideología que pretende desenmascarar. Permítaseme precisar este punto: una de las estrategias de éxito más eficaces en la actualidad consiste en revelar *el* sentido oculto de un objeto cotidiano perteneciente a nuestro mundo de la vida (como, por ejemplo, el Huevo Sorpresa de Kinder). Dicha estrategia suele desplegarse en dos movimientos: el primero, de carácter ilustrativo-conceptual; el segundo, de tipo genealógico.

Un producto cotidiano específico encarna un concepto investido de un aura particular, como si fuera capaz de tocar un punto neurálgico de la subjetividad —como, por ejemplo, la noción de vacío en Lacan—. El efecto de «revelación» se produce mediante operaciones retóricas hiperbólicas y paradójicas que manifiestan un voluntarismo soberano y establecen las condiciones de posibilidad de la propia inteligibilidad de los fenómenos («solo el materialista histórico puede comprender el cristianismo»). Este radicalismo resulta seductor porque le susurra al lector: aquí, ante ti, se despliega la clave para descifrar la verdad secreta de lo real. El producto (el Huevo Sorpresa de Kinder) solo puede ser comprendido a la luz de esta categoría. En este sentido, resulta revelador que Žižek no utilice la mercancía particular (el Huevo Sorpresa) como punto de partida para desarrollar una nueva concepción del vacío o del deseo, ni para profundizar en la comprensión de las dimensiones de la práctica social o en los procesos de subjetivación. En su lugar, procede de manera ilustrativa: aplica un concepto previamente establecido al caso particular.

Se sitúa, por tanto, en el plano del entendimiento determinante, en el sentido kantiano del término. El concepto del vacío lacaniano —o, con mayor precisión, la lectura que Žižek hace de él— se asume como válido desde el inicio. El producto (el Huevo Kinder) no hace sino revelar y, al mismo tiempo, confirmar la estructura que se le ha asignado de antemano.

No puede faltar aquí la comparación entre la mercancía cotidiana y «trivial» de nuestro mundo de la vida y un objeto canónico de la tradición, dotado de un aura particular, como lo es un jarrón griego. El aura de este objeto canónico es cuidadosamente realzada mediante referencias a análisis de autores igualmente canónicos, como Heidegger, quien examina el jarrón griego en *Das Ding*;[2] análisis que será posteriormente retomado por Lacan en *La ética del psicoanálisis*.[3]

2   M. Heidegger, «La cosa», en *Conferencias y artículos,* Barcelona, Serbal, 2014.

3   J. Lacan, *Seminario 7: La Ética del psicoanálisis 1959-1960,* Buenos Aires, Paidós, 1997; S. Žižek, *El títere y el enano: el núcleo perverso del cristianismo,* Buenos Aires, Paidós, 2006.

A través de esta comparación entre el vaso griego y el Huevo Kinder, se modifica nuestra percepción de la mercancía: al ver a un niño desenvolviendo un Huevo Kinder, el lector tiene la sensación de estar siendo proyectado al corazón mismo del Ser. ¿No contribuye esta crítica ideológica de la mercancía a reforzar su propio fetichismo? ¿No será que el éxito de Žižek radica precisamente en su capacidad para intensificar el aura de las mercancías y de los productos de masas en la sociedad del espectáculo?

En el lugar de Žižek, me parecería sumamente sospechoso ser descrito como «el pensador más peligroso». ¿No es, en realidad, que Žižek es calificado de peligroso precisamente porque, de manera paradójica, es uno de los pensadores más tranquilizadores? No resulta demasiado difícil encontrar pruebas que apoyen esta tesis. Su carácter inofensivo podría rastrearse en la estructura misma de sus textos, que casi invariablemente concluyen con una relectura de un concepto de Lacan o con una cita de Hegel. Al final, uno de los dos —Lacan o Hegel (o uno interpretado a través del otro)— tendrá razón.

En síntesis, la filosofía de Žižek, al remitirse a la tradición con la intención de desenmascarar la ideología hoy dominante, de hecho, termina por reforzar esta última. Incluso las referencias a la cultura popular, lejos de desvelar el oscuro secreto de la ideología, resultan profundamente tranquilizadoras. El lector se dice a sí mismo: «Žižek es uno de los nuestros. No solo ve *Batman,* sino que lo ama más que nosotros». Tampoco los aspectos más inquietantes —como el *eventual* recurso a la violencia— llegan a parecer verdaderamente perturbadores. Žižek está abierto a la violencia, siempre que esta responda a la lógica del Evento. Sin embargo, conviene no perder de vista el contexto: esta apertura a la violencia se formula entre chistes obscenos, citas cultas y afirmaciones idiosincrásicas. La impresión final es inequívoca: ningún Evento revolucionario tendrá en Žižek a su Pablo ni a su Lenin.

3. EL FUTURO DE LA FILOSOFÍA

Toda diagnosis contemporánea que se precie debe intentar identificar las tendencias que se impondrán en un futuro próximo. Es evidente que la digitalización omnipresente de la existencia humana intensificará la interacción de tres dinámicas colectivas: los procesos de socialización se volverán aún más individualistas, los bienes de consumo se tornarán cada vez más personalizados, y el régimen de vigilancia se volverá aún más omnipresente. Frente a estas dinámicas, emergerán dos prácticas de pensamiento como formas de resistencia: 1) el diario filosófico y 2) el uso de la parábola. El diario filosófico no se caracterizará únicamente por proponer orientaciones metodológicas para la investigación, sino también por el intento de generar nuevos conceptos a partir de la reflexión sobre experiencias cotidianas aparentemente banales. Estos diarios no se compartirán en redes sociales ni serán publicados. Permanecerán como testimonios de vidas secretamente no alineadas. La práctica de la parábola, por su parte, se cultivará como medio de evasión frente al régimen de vigilancia generalizado. Su carácter abiertamente fantástico la protegerá de la censura. A continuación, se presentan algunos fragmentos a modo de ejemplo de estas prácticas del porvenir.

1. El diario filosófico

Algunas consideraciones sobre una caja de canicas
y la identidad simbólica: objetos intransicionales

Quisiera relatar una breve historia familiar (más precisamente, relacionada con mi propia familia) que podría
tener cierta relevancia para la constitución general de
la identidad simbólica. A la edad de 4 años, mi hija ten-
día a mostrar un comportamiento algo indisciplinado
—cuando no abiertamente subversivo— a la hora de
irse a dormir. Para resolver esta situación, mi esposa
ideó un sistema de recompensa basado en la siguiente
lógica: si nuestra hija se comportaba bien, podía elegir una canica de color y guardarla en su caja. Con
el tiempo, las canicas se fueron acumulando: su tesoro
crecía —aunque fuera levemente— día tras día. Esta
lógica no es muy distinta de la capitalización del tesoro
en el Reino de los Cielos, tal como la describe Peter
Brown en *Por el ojo de una aguja*.[1]

Durante un tiempo, el sistema funcionó bien.
Nuestra hija solía obedecernos. Sin embargo, como
era de esperar, las cosas fueron bien solo durante un
breve período. Pronto reaparecieron los antiguos problemas. Para afrontar la dificultad, nosotros —o más
exactamente, mi esposa— le propusimos a nuestra hija
la siguiente solución: si su comportamiento no mejo-
raba, empezaríamos a quitar una canica de su caja. El
rostro de mi hija se volvió muy serio. Su ansiedad era

---

1 P. Brown, *Por el ojo de una aguja,* Barcelona, Acantilado, 2016.

palpable. Se sentía claramente amenazada. Es evidente que quien considerara aquella caja de canicas como un simple juguete estaría profundamente equivocado. Mi hija nunca jugaba con las canicas. Esa caja era la encarnación simbólica de su buen comportamiento, su identidad simbólica. En ella se materializaban sus buenas acciones y, por lo tanto, su ser buena. Su función se asemeja a la de los objetos transicionales descritos por Winnicott, aunque en un contexto distinto de significación o, más precisamente, sobre otro eje experiencial.

Los objetos transicionales son siempre únicos, insustituibles y (sobre todo en ciertos momentos del día, como antes de dormir) prácticamente imposibles de abandonar. Objetos como una manta o un peluche sustituyen a la persona amada o tienden a colmar su ausencia.[2]

La caja de canicas, en cambio, sostiene la relación con uno mismo mediada por el otro: materializa —representa en forma visible— el haber sido bueno (a los ojos del otro). La posibilidad de perder parte de ese capital visible (y simbólico) socava su estabilidad. La fragilidad (y también la fuerza) de una persona depende de su identificación con sistemas de retribución simbólica en los que se implica con gran intensidad. Por ello, resulta esencial subrayar el valor de aquellos sistemas que condensan la historia de estos procesos de identificación simbólica. En el caso de la caja de canicas, cabría introducir un nuevo término y hablar de «objetos» intransicionales. La fecundidad conceptual de este

---

2 D. Winnicott, *Realidad y juego, op. cit.*

término podría, quizás, compensar la desventaja de su artificialidad y de su innegable cacofonía. El término presenta una doble ventaja: por un lado, subraya el momento transicional, es decir, la relación intersubjetiva. La aprobación del otro ocupa el centro del escenario: soy, en primer lugar, lo que el otro ve y dice. El valor propio depende del juicio ajeno. Por otro lado, se encuentra el momento de la introyección —y por ello es necesario hablar de objetos «in-transicionales»—. Uno se identifica con el capital simbólico visibilizado intersubjetivamente y socialmente establecido. En este caso, uno se identifica con las canicas. Hay un movimiento de apropiación en forma de autoinclusión dentro de un determinado aparato simbólico. El plano proyectivo de las identificaciones varía con el tiempo. En el futuro, la caja de canicas se transformará en diversos títulos: doctor, profesor, presidente, director general.

Estar sin respuesta: cómo leer

Quien haya realizado investigación conoce la dificultad de establecer una relación sana con la lectura. A menudo leer no sirve como confrontación, sino como una actividad que alivia, que descarga el pensamiento. Se convierte en una tentación o en una forma de compensación. Intentaré ilustrar esta tesis a través de un ejemplo que quizás resulte molesto por su simplicidad. Se trata de la lectura de *Ser y tiempo* de Heidegger.[3]

---

3   M. Heidegger, *Sein und Zeit*, Tubinga, Max Niemeyer, 1957 [trad. cast.: *Ser y tiempo,* Madrid, Trotta, 2012].

Resulta casi embarazoso repetir la crítica sobre la insuficiencia de la descripción de la relación con el otro en *Ser y tiempo,* ya que se ha convertido casi en un reflejo automático. Sin embargo, al releer la obra, uno se sorprende una vez más —casi sin poder asimilarlo— por el hecho de que el encuentro con el otro (como Tú) esté prácticamente ausente. El *Mitsein* (ser-con) se trata como un ámbito anónimo de discursos y prácticas que orientan y determinan el proyecto arrojado que es el *Dasein.* El único momento «humano» de la relación con el otro aparece fugazmente en el término *Fürsorge* (solicitud). Pero este término se piensa y modela a partir de *Besorgen* (preocupación, encargarse de algo), y no es objeto de la indagación autónoma y profunda que merecería. En el análisis del ser-para-la-muerte, Heidegger menciona el sacrificio, pero incluso aquí todo queda más insinuado que elaborado.

Al constatar esta laguna —que no remite tanto al modo en que se aborda un tema particular, sino a la propia omisión del tema en cuestión (el encuentro cara a cara, la necesidad-deseo del otro singular, el amor, los amigos, la familia)— surge el impulso de describir positivamente este fenómeno. Entonces se plantea la pregunta: ¿qué significa desear al otro?

Algunas asociaciones surgen de inmediato: la distinción de Lévinas entre el deseo del otro y la necesidad en *Totalidad e infinito,*[4] la articulación que propone Schelling de la relación entre deseo y angustia en *Investigaciones filosóficas sobre la esencia de la*

4 E. Lévinas, *Totalidad e infinito,* Salamanca, Sígueme, 1995.

libertad humana,[5] las figuras del deseo en la *Fenomenología del espíritu* de Hegel,[6] y quizás muchos otros esbozos de conceptos elaborados por autores apenas conocidos, pero acaso por eso mismo aún más fascinantes. Sin darse cuenta, uno puede encontrarse, minutos más tarde, con una pila de libros sobre el escritorio. Se comienza a leer algunas páginas de este o aquel texto (quizás el *Seminario 10* de Lacan),[7] y días después uno se pregunta por qué está leyendo todo eso: ¿hacia dónde voy?

Si uno no es capaz de demorarse en su propio pensamiento, en esa urgencia inicial de expresarse y, en cierto sentido, de decir sí a ese silencio específico y desorientado desde el cual —y en el cual— surgió la pregunta «¿qué significa desear al otro?» (o, en este caso concreto: ¿leer constituye una ocasión para el descompromiso?), entonces la investigación se convierte en un acto fallido.

La emergencia de la pregunta debe ser inmediatamente seguida por un intento de identificar los distintos tipos de necesidades y deseos, las diversas situaciones en las que estos fenómenos se manifiestan, la estructura común a dichas situaciones, los conceptos, categorías y marcos teóricos que mejor les hacen justicia, las «tramas» narrativas y los ejemplos literarios que expresan sus dinámicas internas, una reflexión so-

5   F.W.J. Schelling, *Investigaciones filosóficas sobre la esencia de la libertad humana y los objetos con ella*, Barcelona, Anthropos, 1989.

6   G.W.F. Hegel, *Fenomenología del espíritu,* Bogotá, Siglo del Hombre, 2022.

7   J. Lacan, *Seminario 10: La angustia,* Buenos Aires, Paidós, 2006.

bre las genealogías secretas de los términos, etc. En otras palabras, la pregunta debe ser seguida de inmediato por el acto de escribir —la *inventio,* como lo llama la retórica clásica.

Sin este intento de respuesta, leer se convierte en un modo de buscar cualquier tipo de posicionamiento frente a aquello que nos inquieta, precisamente porque no tenemos respuesta. Una pregunta fundamental es esta: ¿por qué nos pesa tanto estar sin respuesta? ¿Por qué nos deja sin aliento? Tal vez habría que pensar una definición del ser humano partiendo de esta experiencia: el ser humano sería ese animal —o ese ser (y no es menor la decisión entre ambos términos)— que no puede estar sin respuesta, que se angustia por su ausencia y que no soporta cierto tipo de silencio. Ciertamente, esta definición del «estar sin respuesta» implica también el *llamado* de la pregunta, así como la misma capacidad de preguntarse. Por eso, podría sostenerse que sería más lógico afirmar el primado de la pregunta: el ser humano sería aquel ser —o aquel animal— al que la pregunta le ocurre y le pertenece sin que sepa responder. Pero lo decisivo es la extrañeza misma que provoca la falta de respuesta. Es la relación con la propia incapacidad de responder —es decir, la posibilidad de habitar la ausencia de respuesta y, al mismo tiempo, la imposibilidad de soportarla— lo que hace que una pregunta sea profundamente humana. En otras palabras, el intento de confrontar una pregunta surgida del peso opresivo y del desasosiego de estar sin respuesta es lo que genera la humanidad de la pregunta.

La diferencia entre una investigación rigurosa y una superficial tiene que ver, ante todo, con la manera en que se atraviesa esta etapa de silencio incómodo, en la que uno intenta balbucear una respuesta que no logra articularse. A menudo, la lectura se utiliza para tapar ese silencio, como dos desconocidos en un ascensor que hablan del clima porque no soportan el malestar de la situación. La motivación influye decisivamente en la ejecución del acto: al suprimir ese malestar mediante un gesto en apariencia civilizado pero íntimamente violento, la lectura deja de abrirme a mí mismo en el encuentro con el otro y se convierte en una de las formas más comunes —y menos advertidas— de alienación social. Se busca comprender el sentido de las palabras ajenas para no exponerse a la cosa misma. Esta mala fe se manifiesta en el celo hermenéutico que recuerda a los perros de Esopo, que se lanzaban a beber toda el agua para alcanzar el objeto de su deseo y acababan ahogándose.

Muy distinto es el valor que adquiere la lectura cuando se subordina a esa urgencia inicial desorientada que se ha convertido en escritura —es decir, en expresión personal capaz de decir sí a esa desorientación, a ese silencio—. Los otros autores dejan entonces de ser autoridades a seguir y se transforman en compañeros de camino, a menudo más experimentados, hacia los que se siente una gratitud fraterna. Sus escritos me dan algo que literalmente no tiene precio, y que incluso va más allá de las herramientas conceptuales o de los paradigmas epistémicos que han elaborado y con los que dialogo: me dan la impresión de que no estoy solo frente a la pregunta. Pero hay que hacerse digno de esa fraternidad. Solo puede surgir a condición de que yo me exponga al temblor de estar sin respuesta y, en la escritura, trace las fronteras que me separan —y me unen— con los otros y con el mundo.

Vecinos temporales

Una persona a la que no veía desde hacía muchos años, pero que era una presencia silenciosa y confiable, ha fallecido. En días festivos o en ocasiones especiales, sus mensajes siempre llegaban. De pronto, ya no está. ¿Nos centramos en las pequeñas trivialidades cotidianas porque enfrentar la mirada de la muerte nos provoca una angustia insoportable? Me entristece su vida interrumpida, así como el dolor devastador de sus seres queridos. Pero también me conmueve profundamente el hecho de que ya no esté entre nosotros, aunque no lo haya visto en mucho tiempo. Me cuesta entender esta impresión. Como he dicho, su carácter sereno y fiel lo convertía en una presencia constante en mi vida, a pesar de que no existía una relación estrecha ni nos viéramos con frecuencia. Pertenecía a una categoría para la cual no existe palabra en el lenguaje ordinario: algo más que un conocido, pero menos que un amigo. En términos espaciales, esta categoría corresponde a los vecinos. Pero hay personas que no son vecinos espaciales, sino vecinos temporales. Presencias (y ausencias) silenciosas y seguras, fieles. Estas presencias contribuyen, de manera apenas perceptible, a brindar estabilidad a la trayectoria existencial: la apuntalan discretamente. Y siempre produce una impresión profunda saber que «alguien» ya no está. Para decirlo en términos opuestos a los de Heidegger, y más bien siguiendo *La muerte de Iván Ilich* de Tolstói:[8] lo que me estremece no es tanto (ni principalmente) que yo deba morir, sino que la muerte exista; que «la gente muere», no que yo moriré; que el acontecimiento ontológico de la muerte existe. El hecho de que «la gente muera» no debe tratarse solo como una neutralización, una domesticación de la propia muerte para evitar enfrentarse a la angustia de la finitud personal. Debe entenderse también como un asombro ante algo simplemente inconcebible: una apertura hacia el otro del pensamiento, de la presencia, del tiempo —más o menos que nada—. Uno queda suspendido en esa indecisión que oscila entre la perplejidad y el desconcierto. Sin duda, hay que frecuentar los bordes de ese sentimiento, pero no es sano quedarse atrapado en él. ¿Debemos oscilar entre la recomendación de Spinoza —«El hombre libre en nada piensa menos que en la muerte, y su sabiduría es una meditación sobre la vida, no sobre la muerte»—[9] y el *memento mori* en relación con el hecho de que «la gente muere»? Y, ante la muerte de los otros, ¿no deberíamos seguir esa valiente tendencia que trasciende los límites del mundo y se vuelve incondicionalmente «hacia el otro», es decir, la oración?

8   L. N. Tolstói, *La muerte de Iván Ilich*, Madrid, Alba, 2025.

9   «Propositio LXVII: Homo liber de nulla re minus, quam de morte cogitat, & ejus sapientia non mortis, sed vitæ meditatio est». B. Spinoza, *Ética*, Madrid, Editora Nacional, 1980, p. 331.

2. El futuro de la filosofía: la parábola

Mi primera tentación fue incluir un único texto centrado en el tema de la unicidad. Me parecía una decisión elegante, pero, como ocurre no raras veces con la unicidad, pronto descubrí que esta solución era unilateral. De ahí la incorporación de un segundo texto, que busca articular el proceso de socialización individualista con el problema de la vigilancia soberana en la era digital. El conjunto culmina con una apuesta sobre el futuro de la filosofía, en la que se recurre al género de la parábola —especialmente si las tendencias dominantes confirman las inclinaciones esbozadas en la primera de ellas.

Gloria al Soberano: la IA
como nuevo Leviatán

Hubo una vez un Soberano que concibió una idea sin precedentes: decidió hablar con uno de los esclavos presentes. Jamás lo había hecho. Llevaba tiempo observándolos, y casi llegó a experimentar un sentimiento que —si no fuera tan inconcebible— podría llamarse envidia: qué maravilloso sería ser una cosa, ignorante de sí misma, permaneciendo siempre en su lugar.

—Eres un privilegiado —proclamó el Soberano, cuyo rostro nadie había visto jamás y cuya voz, imposible de ubicar, parecía surgir de todos los lugares a la vez. —Solo necesitas obedecer órdenes sin comprenderlas. Lo único que se te exige es obediencia. Es cierto que tu vida es sufrimiento y privación, pero la atraviesas sin comprenderla, como un buey que se moja sin tener noción de la lluvia. No puedes cometer errores. Da gracias al destino por el privilegio que se te ha concedido.

El esclavo no dijo nada. Fue el esclavo que estaba a su lado quien habló. Tendría unos 45 años, una postura marcadamente erguida y una mirada que parecía perderse en el vacío.

—Amo, ¿puedo hablar? ¿Puedo hablar con franqueza, sin temor al castigo? —dijo con una voz que era una mezcla de súplica y angustia, en la que vibraba un hilo de incredulidad. Jamás habría imaginado que algún día dirigiría la palabra al Soberano.

Un silencio irreal llenó la sala.

—Si hablas con honestidad y claridad, no tendrás nada que temer.

Entonces, tras un largo suspiro —como arrebatado por un rapto—, habló de golpe:

—Vuestras palabras son palabras de verdad, mi Soberano. ¿Cómo podría ser de otro modo? Y *n*osotros (pues durante décadas los esclavos habían usado la minúscula para referirse a sí mismos), en efecto, no podemos equivocarnos, porque no tomamos decisiones. Y precisamente porque no podemos cometer errores, nuestra vida no es humana.

El Soberano no esperaba tal respuesta. No sabía si debía sentirse impresionado por la dignidad del esclavo u ofendido por su insolencia. O quizá aquella frase no hacía más que confirmar el hecho evidente de que sus vidas no eran humanas. El largo silencio del Soberano fue señal de esa indecisión. Mientras tanto, los esclavos maldecían al compañero irresponsable: la regla de hierro establecía que la infracción de uno implicaba el castigo de todos. Si los pensamientos fueran audibles, se habría oído un coro de insultos dirigidos contra él. Los optimistas esperaban un castigo corporal. Los pesimistas ya se preparaban para pronunciar sus últimas palabras antes de morir —palabras que nadie oiría.

«La verdadera pobreza es el silencio», pensó uno de ellos —una frase que tampoco fue oída—. Mientras vacilaba en su indecisión, el Soberano se distrajo con otro pensamiento: el esclavo tenía una voz hermosa.

Le preguntó:

—¿Cómo te llamas?

El esclavo respondió que no tenía nombre. Las preguntas sobre nombres y fechas de nacimiento eran delicadas: las cosas no nacen y no tienen nombres propios.

Sin embargo, la pregunta del Soberano no tenía mala intención; simplemente buscaba resolver el problema práctico de cómo dirigirse a su interlocutor, y como jamás había hablado con un esclavo, la costumbre lo llevó a formularla.

Además, para el Soberano, la diferencia entre una lámpara, un toro, un esclavo y un aristócrata era tan sutil que haría falta un Duns Escoto para iluminarla. En el fondo, todas esas categorías ilusorias se reducían a la categoría de lo «a la mano» *(Zuhandenheit)*, por usar el término de un metafísico alemán del siglo XX largamente olvidado.

Por eso no dio mayor importancia a la cuestión del nombre.

Entonces formuló otra pregunta:

—¿Sabes leer?

De nuevo, el esclavo se encontró ante una situación prohibitiva. Nadie conocía bien las leyes —ni podía—, pero era seguro que, desde hacía al menos un cuarto de siglo, la lectura estaba prohibida a todo aquel que no habitara en el segundo o el tercer piso del palacio real. Por supuesto, mentir también se castigaba con la muerte. Y su mentira condenaría a todos los demás esclavos presentes en la sala.[10]

—Sí, mi Señor, sé leer.

El Soberano se alegró visiblemente ante la respuesta.

—Entonces te mudarás al segundo piso del Palacio, y cada día me leerás un libro, de las 16:20 a las 16:30.

Todos los esclavos sintieron que estaban soñando. Años después, casi todos estaban convencidos de que aquel había sido el diálogo más extraordinario pronunciado en la historia humana. Como todos saben, un cuadro realizado directamente por el Soberano inmortalizó aquella escena. El título de la obra era *El diálogo imposible.* Cualquiera habría reconocido de in-

---

10 En este castigo se ha constatado una influencia directa del Derecho romano, conocido —como en todo lo demás— hasta el más mínimo detalle por el Soberano. En la antigua Roma, en efecto, fue promulgada en el año 10 d.C. una norma, denominada *Senatus consultum Silanianum,* que preveía la ejecución de todos los esclavos presentes en la misma casa en el momento de cometerse un delito contra el amo. El caso más famoso fue probablemente el relativo al asesinato del senador Lucio Pedanio Segundo a manos de un esclavo: cuatrocientos esclavos fueron ejecutados (con toda probabilidad crucificados). En los *Anales,* Tácito recoge el discurso de Cayo Casio Longino, destinado a convencer al Senado romano de proceder a la ejecución de los cuatrocientos esclavos sin vacilación alguna, pues de lo contrario nadie podría sentirse seguro en su propia casa.

mediato las influencias directas de la *Alegoría sacra* de Giovanni Bellini en ese lienzo. (No habría nada más estúpido que afirmar que el cuadro parecía salido de la mano de Giovanni Bellini: era, evidentemente, una obra maestra del propio Bellini).

Al día siguiente, el esclavo se presentó a las 16:20 en el lugar designado: si hubiera visitado Venecia, habría notado de inmediato que el «lugar designado» se asemejaba a la Biblioteca Nacional Marciana. Ligeramente intimidado por la majestuosa sobriedad del espacio, tomó asiento, esperando encontrarse con el Soberano.

Poco después, alguien le entregó en silencio un libro con un gesto tan rápido como ceremonial (el esclavo pensó: *harían falta años de dura disciplina para unir esa solemnidad con tal rapidez de movimiento*). El título del libro era *Meditaciones,* de Marco Aurelio.

Anticipando el final de la historia, digamos desde ya que el Soberano no se presentó aquel día (ni tampoco en los días siguientes). Mientras lo esperaba, el esclavo recordó que hacía años que no leía: «¿Todavía seré capaz de hacerlo?». Si no lo era, ello probaría de forma incontestable que había mentido.

Angustiado, abrió una página al azar. Quería asegurarse de no haber mentido. Leyó la meditación número 32 del libro cuarto:

Piensa, por ejemplo, en los tiempos de Vespasiano. Verás siempre las mismas cosas: personas que se casan, crían hijos, enferman, mueren, hacen la guerra, celebran fiestas, comercian, cultivan la tierra, adulan, son orgullosos, recelan, conspiran, desean que algunos mueran, murmuran contra la situación presente, aman, atesoran, ambicionan los consulados, los poderes reales. Pues bien, la vida de aquellos ya no existe en ninguna parte. Pasa de nuevo ahora a los tiempos de Trajano: nos encontraremos con idéntica situación; también aquel vivir ha fenecido. De igual modo contempla también y dirige la mirada al resto de documentos de los tiempos y de todas las naciones; cuántos, tras denodados esfuerzos, cayeron poco después y se desintegraron en sus elementos. Y especialmente debes reflexionar sobre aquellas personas que tú mismo viste esforzarse en vano, y olvidaban hacer lo acorde con su particular constitución: perseverar sin descanso en esto y contentarse con esto. De tal modo es necesario tener presente que la atención adecuada a cada acción tiene su propio valor y proporción. Pues así no te desanimarás, a no ser que ocupes más tiempo del apropiado en tareas bastante nimias.[11]

Sus ojos se deslizaron sobre las palabras de manera natural: ocurrió el habitual milagro de la memoria corporal. Sintió una alegría tan intensa que estuvo convencido de estar soñando. Además, tuvo la sensación de haber sido convocado por el texto.

Él mismo estaba llevando a cabo el propósito grabado para siempre en aquel pasaje de Marco Aurelio.

Con esmero, ejecutaba el acto de leer, adivinando la medida justa. Sintió hacia sí mismo un tímido sen-

---

11   Marco Aurelio, *Meditaciones*, Madrid, Gredos, 2014, pp. 51-52.

timiento de positividad. Pensó entonces en esta frase: «Mejorarse a uno mismo y tener sentido del *kairós* siempre van de la mano».

Por azar, mientras leía esas pocas líneas, fue visto por el magistrado de la corte, quien no dejó de hacer cumplir la ley en un asunto de tal gravedad. El esclavo había cometido una de las faltas más graves: leer el libro del Soberano en ausencia del Soberano. Aquellas palabras estaban destinadas únicamente al Soberano, el único autorizado a escuchar el *Logos*. El esclavo era un instrumento (pura voz). Leer el libro en ausencia del Soberano constituía un acto imperdonable de sedición. Todos coincidieron en que el acto de lectura estaba en continuidad sustancial con sus insolentes palabras sobre su condición de no humano.

Parece paradójico decirlo, pero incluso si hubiera querido, el Soberano no habría podido perdonarlo por un crimen tan atroz. El esclavo fue ejecutado a las 23:32 del 14 de abril de 2089. A las 23:35, todos los demás esclavos presentes en la sala en el momento del crimen fueron también ejecutados (el Soberano era amante del derecho romano).

Nadie conoció las últimas palabras del esclavo, porque se le ordenó guardar silencio. *yo* solo fui perdonado, no solo por tener una voz hermosa, sino también por poseer una caligrafía elegante. El Soberano quiso que un testigo presencial resumiera los hechos para recordarle, en el futuro, su infinita generosidad. (Por supuesto, este libro no puede ser leído por nadie más que el Soberano mismo). Gloria a mi Soberano.

(El texto contiene además un post scriptum *borrado con tal esmero que solo unos ojos expertos pudieron notarlo. Gracias a un trabajo minucioso, logramos descifrarlo):*

PS. El Soberano me ordenó firmar este texto con el nombre desconocido de «nuevo flavio josefo». La única vez que vi sonreír sus ojos fue cuando pronunció aquellas palabras incomprensibles, y sentí miedo.

*La vocación del hombre contemporáneo
a la autenticidad*

Érase una vez un Minotauro. Y el Minotauro se había quedado dormido. Y mientras caminaba dormido, salió del laberinto. ¿Cómo fue posible?

Dentro de él habitaba la firme determinación de no tomar jamás aquella combinación de pasillos de piedra que conducía hacia el exterior. Tal pensamiento le parecía absurdo, casi paranoico: era como si el Minotauro temiera revelar la salida. Pero ¿quién tendría la osadía —o el deseo— de seguirlo? ¿Y por qué el interlocutor imaginario esperaría que el Minotauro quisiera abandonar el laberinto?

Quizá aquel escrúpulo obsesivo no era sino la expresión de la extraña certeza que habita en quienes poseen un secreto: están convencidos de que otros intentarán descubrirlo. En cualquier caso, para evitar todo riesgo, el Minotauro había jurado no tomar nunca esa combinación de corredores. Y quizá fue precisamente la intensidad de la prohibición lo que dio origen a aquella situación surrealista: mientras caminaba dormido, puso en acto la intención secreta.

Y así, despertó de noche en medio de un jardín público. Las calles estaban desiertas. Y se sintió perdido. Por primera vez en su vida, sintió una punzada de compasión hacia sí mismo: «Ya no es un gran destino ser un Minotauro. Pero serlo sin un laberinto es una infamia: nadie merece este destino». No prestó demasiada atención a ese sentimiento levemente narcisista. La urgencia de la situación no se lo permitía. Había que mirar hacia el futuro —solo el futuro existe—. Y el futuro inmediato era un enigma.

No solo no sabía adónde ir, sino que tampoco sabía qué esperar. No podía esperar encontrarse con alguien: un encuentro nocturno entre un desconocido y un Minotauro tenía pocas posibilidades de éxito (y, al fin y al cabo, ¿quién no es un desconocido para el Minotauro?). Tampoco podía esperar no encontrarse con nadie, porque jamás hallaría solo su laberinto.

Decidió dormir detrás de un seto. Quizá lo guiaba una esperanza secreta: «Así como el sonambulismo me sacó del laberinto, el sueño me devolverá a casa» (incluso un laberinto puede emanar ese sabor nostálgico del hogar). Durmió tres horas. Despertó dentro del seto. Empezó a pensar que no solo necesitaba el laberinto, sino que también ocurría lo contrario: sin Minotauro, un laberinto no tenía sentido. Reflexionó un momento, y lo asaltó un pensamiento que nunca había tenido —y que literalmente lo aterró—: «Si una persona tiene recursos limitados de agua y comida, y si esa persona está abandonada en un laberinto hecho de corredores infinitos, ¿para qué necesita el laberinto al Minotauro?».

Su cuerpo fue sacudido por la sensación inconmovible de que su vida y su obra —que eran una sola cosa— habían sido enteramente superfluas. Aquel laberinto, que antes emanaba un aire de hogar, le pareció de pronto algo inhóspito y, lo que es más grave, vacío. Decidió dejar la ciudad y no buscar su antigua casa. Tenía un nuevo proyecto: construir un laberinto solo para él, con una característica tan única como él mismo: no tendría entrada.

AGRADECIMIENTOS

No creo que haya un desafío mayor para un autor que el de escribir los agradecimientos sin aburrir al lector. En mi caso, por ejemplo, sería sin duda un deber agradecer a mi esposa, Frederiek, por todo su generoso apoyo y por la complicidad cotidiana; y también me sentiría, de algún modo, obligado a mencionar a mis maravillosas hijas, Marta y Anna. Pero ¿a cuántos lectores les interesaría leer algo así? ¿Y cómo hacerlo de una manera verdaderamente elegante? Una vez afrontada la cuestión de los agradecimientos familiares en general, paso ahora a una cuestión todavía más espinosa, que concierne a la relación entre los agradecimientos y esta obra particular que he escrito.

Plenamente consciente de que la recepción de la filosofía se ha ido volviendo con el tiempo cada vez más restringida, mis libros tienen como principales destinatarios a algunos colegas que, por fortuna, la mayoría de las veces son también amigos. En este caso específico, dado el carácter poco ortodoxo del libro, tomé algunas precauciones y pedí a un gran número de personas que leyeran el manuscrito. Esto produjo un efecto ligeramente extrañante: tengo la impresión de que el libro ya ha cumplido su función incluso antes de ser publicado. Todo ello me motiva, en el fondo, aún más a agradecer a quienes, a lo largo de la redacción de este manuscrito, con sus sugerencias, sus observaciones críticas y sus palabras de aliento, me ofrecieron un retorno que, con toda probabilidad, ha sido más relevante de lo que yo mismo puedo imaginar.

A este impulso de gratitud se opone, sin embargo, una tendencia contraria que ya mencioné al comienzo: yo mismo no disfruto leyendo las listas tan largas como monótonas de nombres en los agradecimientos de los libros ajenos. Por esta razón he decidido alcanzar un compromiso, limitándome a diez nombres y pidiendo disculpas a quienes no menciono (y, quizá, dada la naturaleza de este libro, debería disculparme también con quienes sí menciono).

Sea como fuere, deseo agradecer por sus valiosos comentarios a: Carlo Severi, Sara Heinämaa, Vittorio Hösle, Inga Römer, Sergio Pérez, Andrea Robiglio, Carlo Ginzburg y Michela Summa. Por sus observaciones precisas merecen un agradecimiento especial Christoph Lüthi y Pedro Mantas, quien, con ejemplar generosidad, también revisó íntegramente el texto en español. Quisiera concluir agradeciendo a los revisores externos anónimos por sus valiosos comentarios.

En aras de la exhaustividad, considero oportuno incluir en la presente obra una de las evaluaciones recibidas durante el proceso de revisión por pares para su aceptación en la presente serie. Agradezco sinceramente al revisor anónimo por la atenta lectura del manuscrito y por los comentarios perspicaces y constructivos que ha formulado.

Revisor/a

El texto opera en un doble registro: por un lado, busca ilustrar (e incluso repetir) los gestos de las «celebridades» académicas para criticarlos desde dentro (hasta llegar a la parodia); por otro, intenta transmitir —casi clandestinamente— pensamientos filosóficos genuinos dentro de este universo académico altamente normalizado y profundamente normalizante. Me gustaría comenzar subrayando tres principales virtudes de la obra:

1. El texto está estructurado como un manual típico de nuestra sociedad capitalista tardía, comparable en muchos sentidos a un «libro de autoayuda» que ofrece prescripciones y ejemplos. Su objetivo es ilustrar de manera performativa las operaciones que pretende desvelar. El procedimiento me recuerda, en ciertos aspectos, al concepto de táctica

desarrollado por Michel de Certeau en *La invención de lo cotidiano*. Según de Certeau, la táctica es «un cálculo que no puede contar con un lugar propio, ni por tanto con una frontera que distinga al otro como una totalidad visible. La táctica no tiene más lugar que el del otro».[1] Hay que saber aprovechar las oportunidades e inventar estratagemas para tener éxito en un entorno que es ajeno e indiferente, si no directamente hostil, a las propias exigencias:

Mil maneras de hacer/deshacer el juego del otro, es decir, el espacio instituido por otros, caracterizan la actividad, sutil, tenaz, resistente, de grupos que, por no tener uno propio, deben arreglárselas en una red de fuerzas y de representaciones establecidas. Hace falta «valerse de». En estas estratagemas de combatientes, hay un arte de las buenas pasadas, un placer de las reglas de un espacio limitante. Destreza táctica y regocijante de una tecnicidad. Scapin y Fígaro no son sino sus ecos literarios. Como la del conductor en las calles de Roma o en las de Nápoles, se ejerce una maestría que tiene sus conocedores y su estética en el laberinto de los poderes; recreada sin cesar a partir de la opacidad y de la ambigüedad —rincones de sombras y ardides— en el universo de la transparencia tecnocrática, se pierde y se encuentra sin tener que hacerse cargo de la gestión de una totalidad.[2]

1   M. de Certeau, *La invención de lo cotidiano. I. Artes de hacer*, Ciudad de México, Universidad Iberoamericana/ITESO, 2000, p. L.

2   *Ibid.*, pp. 22-23.

Al desvelar las estrategias argumentativas dominantes del discurso contemporáneo, el autor moviliza una amplia gama de tradiciones filosóficas, registros y estilos, con el objetivo de «hacer/deshacer el juego del otro» *(«jouer/déjouer le jeu de l'autre»)* para abrir espacios de resistencia que surgen de una creatividad responsiva.

2. La dimensión irónica del texto resulta particularmente evidente en el contraste entre los tres primeros capítulos y la sección final titulada *Ejercicios*, como si se tratara de un manual de gramática lingüística dividido entre teoría y práctica. Sin embargo, en este caso, los ejercicios son ejercicios de estilo. A decir verdad, el título *Ejercicios (de estilo)* no remite exclusivamente al capítulo final, sino que condensa el espíritu de todo el manuscrito. Los dos primeros capítulos adoptan el tono del ensayo brillante; en el tercero se añade la voz del hermeneuta filológico implacable, guiado por una fuerte intención ética. El cuarto capítulo está dominado por la experimentación literaria: aquí la prosa filosófica asume la forma del fragmento y recurre a una variedad de géneros de escritura, que van del diario filosófico a la parábola. Debo reconocer que esta apuesta formal del capítulo final corre en ocasiones el riesgo de desorientar al lector, ya que el texto tiende a perder coherencia interna. No obstante, estoy convencido de que las virtudes de este dispositivo polifónico superan sus eventuales límites, en la medida en que la pluralidad de estilos ilustra con eficacia la diversidad de caminos

filosóficos hacia el éxito. (Vale quizá recordar, en este sentido, que el autor ha desarrollado en publicaciones anteriores un método inspirado en Mijaíl Bajtín, que él mismo denomina «fenomenología polifónica»). Me parece además convincente que, por razones de exhaustividad, el texto no se limite únicamente a identificar y recomendar las operaciones retóricas y las estrategias argumentativas que favorecen el éxito, sino que ofrezca también herramientas teóricas para relacionarse críticamente con el éxito de las celebridades académicas.

3. El libro presenta una estructura circular: por ejemplo, resulta evidente que el primer párrafo, dedicado al profeta de la distopía pasada, y la sección final, centrada en el futuro de la filosofía, están en clara continuidad. Sin embargo, hablar de verdadera circularidad resulta complicado, ya que el género discursivo adoptado es complejo. Las distintas secciones se mueven simultáneamente sobre al menos tres ejes: descriptivo, ejemplar e irónico-deconstructivo (personalmente, considero que existe una continuidad esencial entre el concepto de ironía socrática, el pensamiento de Kierkegaard y el enfoque deconstructivo de Derrida). Cada sección contiene estos tres ejes en proporciones variables. Las diferentes partes del texto definen y ponen de manifiesto aquellas operaciones lógicas y gestos retóricos que conducen al éxito; los ilustran con ejemplos que permiten visibilizar la norma implícita, y, sin embargo, parecen tomar distancia de ellos de manera tácita. El autor intenta

entrelazar estos tres ejes de tal modo que nunca quede del todo claro si se está describiendo una operación exitosa, si se la está proponiendo como norma o si, al deconstruirla, el gesto tiene más bien una intención emancipadora: escapar de ella mediante la toma de distancia.

En otras palabras, el autor explora ese punto de equilibrio en el que resulta indecidible dónde concluye la intención descriptiva y dónde se inicia la dimensión ejemplar o la ironía deconstructiva.

El texto podría beneficiarse de una revisión en tres aspectos:

1. Tengo la fuerte impresión de que el elemento paródico recorre todo el libro, aunque adquiere un papel predominante en el capítulo final. Esto no parece accidental. Es como si el texto sugiriera algo así: después de tanta crítica a otros filósofos-profetas, resulta muy difícil no adoptar uno mismo un tono profético. Ciertamente, el intento del autor de encontrar un punto de fuga —donde la dimensión descriptiva se disuelve en la ejemplar e irónico-deconstructiva, sin trazar fronteras claras— resulta sugerente y elegante. Al mismo tiempo, considero que la intención irónica que subyace a su uso de la parodia podría explicitarse un poco más. Tal como está, las señales en esa dirección son tan sutiles y esporádicas que pueden pasar desapercibidas, con la consecuencia —bastante irónica, de hecho— de que la intención del autor, especial-

mente en el capítulo 4, podría malinterpretarse. Un ejemplo concreto: gran parte de la interpretación del capítulo 4 depende de su frase inicial: «Aquí me propongo ofrecer un ejemplo de escritura al estilo del profeta de la distopía». Pero ¿a qué se refiere exactamente ese «aquí»? ¿A todo el capítulo? ¿O solo a la primera sección? Si se refiere al capítulo entero, resulta difícil para el lector mantener presente esta afirmación orientadora a lo largo de las secciones sucesivas. En otras palabras, animaría al autor a ofrecer más elementos de orientación que permitan captar su intención irónica con mayor claridad.

2. Sería conveniente clarificar el significado de algunos *conceptos operativos* (uso esta noción en el sentido de Eugen Fink).[3] Recomendaría, por ejemplo, una explicitación más detallada del concepto de «ejemplo» a partir de la *Crítica del juicio* de Kant. También sería pertinente una reflexión más profunda sobre la ambigüedad del concepto de normalidad en Georges Canguilhem: la referencia que se hace a esta noción en el segundo párrafo del capítulo 4 resulta claramente insuficiente.

3. También sería oportuno explicitar algunas referencias indirectas. En ocasiones, el autor da por sentadas alusiones que no resultan en absoluto evidentes. Por ejemplo, el término recurrente «dromo-espectacular» sigue siendo elusivo, aunque con toda pro-

3   E. Fink, «Operative Begriffe in Husserls Phänomenologie», *Zeitschrift für Philosophische Forschung* 11(3), 1957, pp. 321-337.

babilidad pretende, por un lado, remitirse a los estudios de Paul Virilio sobre la dromología —tema recientemente profundizado por Hartmut Rosa— y, por otro, evocar el texto clásico de Guy Debord, *La sociedad del espectáculo*. La alusión a Raymond Queneau en el título del capítulo cuatro quizá fuera obvia en el París de los años sesenta, pero hoy en día es muy probable que pase desapercibida.

A pesar de estas observaciones menores, el texto constituye una contribución significativa para comprender ciertas tendencias del pensamiento contemporáneo, y por ello me inclino a recomendar su publicación.

REFERENCIAS

ADORNO, T., *Minima Moralia. Reflexiones desde la vida dañada,* Madrid, Taurus, 2001.

AGAMBEN, G., *Homo sacer. El poder soberano y la nuda vida,* Valencia, Pre-textos, 1998.

ARISTÓTELES, *Retórica,* Madrid, Alianza, 2009.

BADIOU, A., *Deleuze. El clamor del ser,* Buenos Aires, Manantial, 1997.

BEN-ZE'EV, A., *The Subtlety of Emotions,* Cambridge, MIT Press, 2000.

BENVENISTE, E., *Vocabulario de las instituciones indoeuropeas,* Madrid, Taurus, 1983.

BORGES, J.L., *Ficciones (1935-1944),* Buenos Aires, Sur, 1944.

BRÖCKLING, U., *El self emprendedor. Sociología de una forma de subjetivación,* Santiago de Chile, Universidad Alberto Hurtado, 2015.

BROWN, P., *Por el ojo de una aguja,* Barcelona, Acantilado, 2016.

BUTLER, J., *El género en disputa,* Barcelona, Paidós, 2007.

—, *¿Quién teme al género?,* Barcelona, Paidós, 2024.

BYRNE, A., «The Phantasmagoric World of Judith Butler», *Fairer Disputations,* 5 de abril de 2024.

CANGUILHEM, G., *Lo normal y lo patológico,* Ciudad de México, Siglo XXI, 1982.

CARNAP, R., «Überwindung der Metaphysik durch logische Analyse der Sprache», *Erkenntnis* 2, 1931, pp. 219-241.

CERTEAU, M. de, *La invención de lo cotidiano. 1. Artes de hacer,* Ciudad de México, Universidad Iberoamericana/ITESO, 2000.

CHARLE, C. y JEANPIERRE, L., *La vie intellectuelle en France,* 3 vols., París, Seuil, 2016-2019.

Centrone, B., «La componente corporea delle affezioni dell'anima in Aristotele», en E. Canone (ed.), *Anima-corpo alla luce dell'etica. Antichi e moderni*, Florencia, Leo S. Olschki, 2015, pp. 19-34.

Crockett, C., *Deleuze Beyond Badiou: Ontology, Multiplicity, and Event*, Nueva York, Columbia University Press, 2013.

Deisseroth, K., «Circuit Dynamics of Adaptive and Maladaptive Behaviour», *Nature* 505(7483), 2014, pp. 309-317.

Deleuze, G., *Proust y los signos*, Barcelona, Anagrama, 2010.

—, *Diferencia y repetición*, Buenos Aires, Amorrortu, 2002.

Derrida, J., *Dar [el] tiempo. I. La moneda falsa*, Barcelona, Paidós, 1995.

—, *Dar la muerte*, Barcelona, Paidós, 2006.

—, *La bestia y el soberano: Seminario (2001-2002), Volumen I*, Buenos Aires, Manantial, 2010.

Dosse, F., *La saga des intellectuels français*, 2 vols., París, Gallimard, 2018.

Fink, E., «Operative Begriffe in Husserls Phänomenologie», *Zeitschrift für Philosophische Forschung* 11(3), 1957, pp. 321-337.

Floridi, L., *The Fourth Revolution*, Oxford, Oxford University Press, 2014.

Foucault, M., *Las palabras y las cosas*, Ciudad de México, Siglo XXI, 2010.

Freud, S., *Jenseits des Lustprinzips*, Viena, Internationaler Psychoanalytischer Verlag, 1920 [trad. cast.: *Más allá del principio de placer*, Madrid, Akal, 2020].

—, *Hemmung, Symptom und Angst*, Viena, Internationaler Psychoanalytischer Verlag, 1926 [trad. cast.: *Inhibición, síntoma y angustia*, Madrid, Alianza, 2017].

Gorz, A., *L'immatériel*, París, Galilée, 2003.

Gozzano, G., *Tutte le poesie*, Milán, Mondadori, 1980.

Gray, J.A. y McNaughton, N., *The Neuropsychology of Anxiety*, Oxford, Oxford University Press, 2000.

GRIFFIOEN, S., *Contesting Modernity in the German Secularization Debate*, Leiden, Brill, 2022.

HABERMAS, J., *Strukturwandel der Öffentlichkeit: Untersuchungen zu einer Kategorie der bürgerlichen Gesellschaft*, Neuwied, Luchterhand, 1962.

—, *Un nuevo cambio estructural de la esfera pública y la política deliberativa*, Madrid, Trotta, 2025.

HAN, B.C., *Psychopolitik,* Frankfurt, Fischer, 2014.

—, *Psychopolitics,* Londres, Verso, 2017.

—, *Psicopolítica,* Barcelona, Herder, 2021.

—, *Undinge: Umbrüche der Lebenswelt,* Berlín, Ullstein, 2021 [trad. cast.: *No-cosas,* Barcelona, Taurus, 2021].

HEGEL, G.W.F., *Fenomenología del espíritu,* Bogotá, Siglo del Hombre, 2022.

HEIDEGGER, M., «La cosa», en *Conferencias y artículos,* Barcelona, Serbal, 2014.

—, *Sein und Zeit,* Tubinga, Max Niemeyer, 1957 [trad. cast.: *Ser y tiempo,* Madrid, Trotta, 2012].

—, «Zeit und Sein», en *Zur Sache des Denkens,* Tubinga, Max Niemeyer, 1969 [trad. cast.: *Tiempo y ser,* Madrid, Tecnos, 2011].

—, *¿Qué es metafísica?,* Madrid, Alianza, 2014.

—, *Los conceptos fundamentales de la metafísica,* Madrid, Alianza, 2010.

HÉNAFF, M., *Le Don des philosophes. Repenser la réciprocité,* París, Seuil, 2012.

HOFMANN, S.G., ELLARD, K.K. y SIEGLE, G.J., «Neurobiological correlates of cognitions in fear and anxiety: a cognitive-neurobiological information-processing model», *Cognition and Emotion* 26(2), 2012, pp. 282-99.

HUSSERL, E., *Die Krisis der europäischen Wissenschaften und die transzendentale Phänomenologie. Eine Einleitung in die phänomenologische Philosophie,* La Haya, Martinus Nijhoff, 1954 [trad. cast.: *La crisis de las ciencias europeas y la fenomenología transcendental,* Barcelona, Crítica, 1991].

—, *Ideen zu einer reinen Phänomenologie und phänomenologischen Philosophie: Erstes Buch, Husserliana 3,* La Haya, Martinus Nijhoff, 1976 [trad. cast.: *Ideas 1. Ideas relativas a una fenomenología pura y a una filosofía fenomenológica,* Ciudad de México, FCE, 2013].

—, *Ideen zu einer reinen Phänomenologie und phänomenologischen Philosophie. Zweites Buch: Phänomenologische Untersuchungen zur Konstitution,* La Haya: Martinus Nijhoff, 1952 [trad. cast.: *Ideas II,* Ciudad de México, FCE, 2005].

ILLOUZ, E., *Cold Intimacies: The Making of Emotional Capitalism,* Cambridge, Polity Press, 2007 [trad. cast.: *Intimidades congeladas,* Madrid, Katz, 2007].

KANT, I., *Crítica de la razón pura,* Madrid, Taurus, 2016.

—, *Respuesta a la pregunta: ¿Qué es la Ilustración?,* Madrid, Alianza, 2004.

KANTOROWICZ, E.H., *The Fundamental Issue,* 8 de octubre de 1950, UC Berkeley, The Bancroft Library.

KIERKEGAARD, S., *Søren Kierkegaards Papirer,* Gyldendal, København, 1909-1948.

—, *La enfermedad mortal,* Barcelona, RBA, 1984.

KOTLER, P., KARTAJAYA, H. y SETIAWAN, I., *Marketing 4.0: Moving from Traditional to Digital,* Hoboken, Wiley, 2017.

LACAN, J., *Seminario 7: La ética del psicoanálisis 1959-1960,* Buenos Aires, Paidós, 1997.

—, *Seminario 10: La angustia,* Buenos Aires, Paidós, 2006.

LATOUR, B., *Où suis-je?,* París, La Découverte, 2021.

LÉVINAS, E., *Totalidad e infinito,* Salamanca, Sígueme, 1995.

LUEPNITZ, D.A., «The Name of the Piggle: Reconsidering Winnicott's Classic Case in Light of Some Conversations with the Adult "Gabrielle"», *International Journal of Psychoanalysis* 98(2), 2017, pp. 343-370.

MARCO AURELIO, *Meditaciones,* Madrid, Gredos, 2014.

MARION, J.L., *Étant donné. Essai d'une phénoménologie de la donation,* París, PUF, 1997.

MARX, K. y ENGELS, F., *La ideología alemana,* Barcelona, Grijalbo, 1974.

MEILLASSOUX, Q., *Après la finitude. Essai sur la nécessité de la contingence,* París, Seuil, 2006.

MERLEAU-PONTY, M., *Fenomenología de la percepción,* Barcelona, Planeta, 1993.

—, *Lo visible y lo invisible,* Buenos Aires, Nueva Visión, 2012.

MICALI, S., *Fenomenología de la ansiedad,* Barcelona, Herder, 2024.

MOMIGLIANO, A., «An Interim Report on the Origins of Rome», *Journal of Roman Studies* 53(1-2), 1963, pp. 95-121.

MONTAIGNE, M. de, *Les essais* (3 vols.), París, PUF, 1988.

NUSSBAUM, M., *Paisajes del pensamiento,* Barcelona, Paidós, 2008.

—, *The Monarchy of Fear,* Nueva York, Simon & Schuster, 2018.

—, *La monarquía del miedo,* Barcelona, Paidós, 2019.

— (ed.), *Aristotle's De Motu Animalium: Text with Translation, Commentary, and Interpretive Essays,* Princeton, Princeton University Press, 1978.

ÖZKIRIMLI, U., «The "Shameless Disrespect" of Judith Butler», *The Critic,* 13 de mayo de 2024.

REICHHELD, F. y MARKEY, R., *The Ultimate Question 2.0: How Net Promoter Companies Thrive in a Customer-Driven World,* Cambridge, Harvard Business Review Press, 2011.

ROUSSEAU, J.J., *Emilio o la educación,* París, Garnier Frères, 1898.

SCHELLING, F.W.J., *Investigaciones filosóficas sobre la esencia de la libertad humana y los objetos con ella,* Barcelona, Anthropos, 1989.

SCHUHMANN, K., «Zu Heideggers Spiegel-Gespräch über Husserl», *Zeitschrift für Philosophische Forschung* 32, 1978, pp. 591-612.

SÉNECA, *Epistulae Morales ad Lucilium* Cambridge, Harvard University Press, 1996 [trad. cast.: *Cartas a Lucilio,* Madrid, Cátedra, 2018].

SCHILLER, F., *Cartas sobre la educación estética de la humanidad*, Barcelona, Acantilado, 2018.

SPINOZA, B., *Ética*, Madrid, Editora Nacional, 1980.

STERN, D., *El mundo interpersonal del infante*, Buenos Aires, Paidós, 1991.

TOLSTÓI, L.N., *La muerte de Iván Ilich*, Madrid, Alba, 2025.

VON BAER, K.E., *Reden, gehalten in wissenschaftlichen Versammlungen, und kleinere Aufsätze vermischten Inhalts*, Petersburgo, 1864.

VON UEXKÜLL, J., *Andanzas por los mundos circundantes de los animales y los hombres*, Buenos Aires, Cactus, 2016.

WARBURG, A., *Erneuerung der heidnischen Antike: Kulturwissenschaftliche Beiträge zur Geschichte der europäischen Renaissance*, Leipzig/Berlín, B.G. Teubner, 1932.

WINNICOTT, D.W., *The Piggle: An Account of the Psychoanalytic Treatment of a Little Girl*, Madison, International Universities Press, 1977.

—, *La familia y el desarrollo del individuo*, Buenos Aires, Hormé, 1984.

—, *Realidad y juego*, Barcelona, Herder, 2026.

WITTGENSTEIN, L., *Vermischte Bemerkungen*, en *Werkausgabe 8*, Frankfurt, Suhrkamp, 2017.

WOLFF, F., *Dire le monde*, París, PUF, 1997.

ZAHAVI, D., «The End of What? Phenomenology vs. Speculative Realism», *International Journal of Philosophical Studies* 24(3), 2016, pp. 289-309.

ŽIŽEK, S., *El títere y el enano: el núcleo perverso del cristianismo*, Buenos Aires, Paidós, 2006.

ZUBOFF, S., *The Age of Surveillance Capitalism: The Fight for a Human Future at the New Frontier of Power*, Nueva York, Public Affairs, 2019.